TAN LEJOS COMO TU CORAZÓN PUEDE VER

Historias que iluminan el alma

TAN LEJOS COMO TU CORAZÓN PUEDE VER

Historias que iluminan el alma

Mark Nepo

El autor de cabecera de Oprah

AGUILAR

FONTANAR

Título original: *As Far As The Heart Can See*
publicado en inglés por Health Communications, Inc., Florida.
D.R. © Mark Nepo, 2014
D.R. © De la traducción: Vicente Herrasti

D.R. © de esta edición:
Santillana Ediciones Generales, S.A. de C.V.
Av. Río Mixcoac 274, Col. Acacias
03240, México, D.F.

Diseño de cubierta: Ramón Navarro

Primera edición: febrero de 2014.

ISBN: 978-607-11-3001-3

Impreso en México

Para todos los que han llevado consigo una historia, voluntariamente, cual si de una semilla que necesitas sembrar se tratara, o involuntariamente, como si fuera una astilla de la que debes librarte.

Una historia ha de relatarse de tal modo que llegue a constituir ayuda en sí misma. Mi abuelo era cojo. Una vez le pidieron que contara una historia sobre su maestro. Y él narró cómo su maestro solía saltar y bailar mientras rezaba. Al hablar, mi padre se puso de pie; estaba tan embebido en su historia que comenzó a saltar y a bailar para demostrar cómo lo había hecho el maestro. A partir de ese momento, quedó curado de su cojera. Así se debe contar una historia.

MARTIN BÜBER

ESTAR CERCA

Puesto que todo es sagrado, permanecer cerca de lo sagrado es una cuestión de presencia y atención más que un asunto relacionado con viajar a un lugar secreto. En esencia, estar cerca constituye un peregrinaje al corazón del lugar en que nos encontramos. Dado que somos nosotros quienes perdemos el candor de vivir, por lo regular nuestra labor consiste en restaurar la frescura de estar vivo.

Las historias nos ayudan. Son maestras. Son medicina. Nos mantienen conectados con lo importante. Nos mantienen despiertos. Esto siempre ha sido cierto. Y así, *Tan lejos como tu corazón puede ver* es un libro de historias y parábolas que se refieren al hecho de permanecer despiertos y mantenernos cerca. Cada historia tiene una vida propia que simplemente me utilizó para volver a ser conocida en el mundo. Y cada historia tiene un residuo de mi vida en la Tierra, puesto que ninguna historia puede surgir sin llevar consigo algo del sabor de quien relata.

La idea de ensamblar estas historias y parábolas proviene de los talleres y retiros que he tenido la fortuna de dirigir en Estados Unidos y en el extranjero. Independientemente de las muchas razones por las que vale la pena reunirse, todos los talleres se enfocan en permanecer cerca de lo que es sagrado. Al igual que las raíces encuentran agua, nosotros siempre terminamos por acercarnos a lo que nos sostiene. Muchos de mis lectores han tenido la gentileza de pedirme estas historias, y fue mi esposa Susan quien me urgió a reunirlas de modo

11

interactivo. Reunirlas me enseñó más aún sobre el hecho de estar cerca.

Algunos de estos relatos son personales. Otros han llegado a mí a través de los sueños. Existen historias que han llamado a la puerta de mi conciencia con tanta persistencia, que no me quedó otra opción que crear nombres y contextos para satisfacer sus súplicas. Con toda simpleza y maravillado por mis hallazgos, las transmito a ustedes. Todas han sido mis maestras y siguen siéndolo. Te invito a que las escuches, que vivas con ellas y las transmitas. Y también espero que evolucionen y cambien de forma al estar en tus manos. Cada historia lleva en su esencia la voz acumulada de todos los que la contaron y escucharon. En última instancia, espero que los relatos evoquen tus propias historias y tu propio sentido de lo que es sagrado. Espero también que algo de lo que encuentres aquí te lleve a preguntar a otros sobre sus historias.

La verdad es que mucho antes de que se formaran las disciplinas del conocimiento, antes de que los programas de estudio fueran certificados, los dilemas de la vida eran abordados y llevados con nosotros en bolsas de sabiduría que llamamos "historias". Así concentraban sus preguntas los miembros de una tribu y sus ancianos y así comunicaban su significado. Era como decir: "Hemos hecho todo lo posible. Ahora es tu turno."

Es común que sintamos la necesidad de relatar nuestras historias una y otra vez, no porque se nos olvide que ya lo hemos hecho o por compulsión, sino porque su significado es tan importante que no puede digerirse contándola una sola vez. Así que volvemos a contarlas, otra vez y otra, hasta que podemos absorber su significado. Y en el proceso, aprendemos a amarnos los unos a los otros.

Siempre me he sentido atraído por las historias. Al igual que la mayoría de la gente, comencé siendo un testigo, relatando los episodios de la vida desarrollados a mi alrededor. Pero como suele hacer la vida al paso del tiempo, lo que parece lejano e irrelevante se acerca lentamente; y cuando ya está ante nosotros, descubrimos que se trata de algo esencial.

De esta manera, he llegado a darme cuenta de que estamos inmersos en las historias y no fuera de ellas. Nos parecemos más a los peces que nadan en el río que a los pescadores que se sientan en la orilla. Somos más semejantes al barro que cobra forma en el fuego que a los alfareros que remueven los tizones. Somos cantantes esperando nacer de una canción.

Entonces, este libro es una invitación a mantener una relación con un material profundo y dador de vida. Las historias aquí reunidas llevan las semillas de nuestra humanidad. Ahondan en el valor de escuchar tu propia vida, en el regalo de la vulnerabilidad, en el deseo de experimentar y explorar tu propia voz, en el permanente compromiso de respetar tu viaje y los viajes de otros, y en la capacidad que la vida nos da para trabajar con lo que nos es dado. No es necesario tener experiencia, sólo una mentalidad de principiante y corazón. Y también se debe estar dispuesto a escuchar una historia y contar otra. Se debe estar dispuesto a seguir escuchando y a intentar las cosas una y otra vez.

Cómo usar este libro

No es necesario leer este libro en orden. Puedes descubrir estas historias en su momento, como si se tratara de conchas que encuentras al andar por la playa; también puedes engarzarlas como si fueran las cuentas de un collar. Lo más importante es mantener la relación con ellas. Discútelas con un amigo o colega, con un niño o un viejo. Déjalas ahí para que las hallen los extraños. Si te conmueven, cántalas a la luna.

Después de cada historia encontrarás algunas preguntas para iniciar varios tipos de conversación: preguntas sobre las cuales reflexionar, dialogar e incorporar a tu vida. Estoy en deuda con mis amigos por la idea de las Preguntas para la sobremesa. Un día, después de cenar, Jill exclamó: "¡Pregunta para la sobremesa!", y comenzó a preguntarse en voz alta acerca de algo que la vida le había traído. Dos horas más tarde, continuábamos compartiendo historias y aprendiendo aún más sobre nosotros mismos. A partir de esa noche, cada comida con los amigos es acompañada por una pregunta de sobremesa. En consecuencia, nos arremangamos para dejar caer nuestras historias al mar de la vida, cual si fueran remos que nos conducen un poco más lejos.

Al igual que en el caso de las historias, utiliza las preguntas que más llamen tu atención. No han sido concebidas para emplearse en un orden determinado, sino para convertirse en puntos de partida. Son intercambiables: las preguntas para utilizar en tu diario pueden ser de sobremesa para la conversación y a la inversa. Si alguna de estas historias o preguntas da la impresión de estar en pos de cierta luz aún invisible, enciéndelas. Si eres movido por tus propias historias y preguntas, te invito a ignorar las que te ofrezco.

No importa cómo, pero si logras frotarte con el pulso de vida que se oculta en estas historias y en las tuyas, aunque sea brevemente, como si se tratara de una lámpara maravillosa que contiene a un genio, el sentido de lo sagrado te mostrará su magia y utilidad. Así como las partituras son un acertijo hasta que son ejecutadas, las historias que llevamos con nosotros y las que nos topamos esperan ser escuchadas y preservadas. Y es que, a pesar de todas sus dificultades, se nos da la vida y nos mantenemos vivos al preservar y escuchar.

Todos necesitamos historias que, al ser contadas y escuchadas una y otra vez, revelen historias dentro de las historias, historias que, si estamos lo suficientemente despiertos, nos conducen a la canción única que yace en el corazón de todas las historias. Ahí nos vemos.

¿Quieres escuchar una historia?

1. Dentro y fuera del camino

*El mundo no es comprensible,
pero es abrazable.*

Martin Büber

Ver y mirar

Solemos ver, pero no miramos hasta que algo cambia nuestra forma de experimentar el mundo. Entonces, se altera el hábito básico de nuestra comprensión: se destroza o expande, se rompe o se abre, es puesto de cabeza o reducido al principio. A esto lo llamamos "cambio de paradigma". Tememos y a la vez necesitamos esos momentos inesperados que nos devuelven a la totalidad oculta en la que todas las cosas están conectadas. Sin embargo, estos cambios no son algo que podamos enseñar; nos limitamos a compartirlos para entenderlos mejor con el tiempo.

Durante un momento crítico en mi viaje con el cáncer, tuve la mala fortuna de decidir el curso de mi tratamiento. Todas las opciones parecían difíciles. Ese mes de octubre tuvimos una tormenta invernal inusual. Mientras me debatía sobre qué hacer, recuerdo que miraba cómo la fuerte tormenta derribaba todos los árboles coloridos. Las hojas, sin importar qué tan brillantes fueran, habían provocado la caída de los árboles. Si éstos hubieran dejado ir sus hojas, la tormenta no los habría derribado al oponer menos resistencia. Para mí, esto representó un completo cambio de paradigma. En un momento crucial, me ayudó a ver de distinta manera el hecho de aferrarse a algo o dejarlo ir.

En la película *Phenomenon* (1996), el protagonista tiene un jardín asolado por un conejo que devora todos sus vegetales, sin importar el tipo de cerca que construya. Una noche, el personaje se despierta teniendo un cambio de paradigma y ve todo de diferente manera. A media noche, sale al huerto presuroso y abre la cerca de su jardín y espera. Claro: el conejo no trataba de entrar al huerto, sino que deseaba salir y no podía hacerlo.

La historia de san Pablo es arquetípica del cambio de paradigma. Saúl persiguió a los primeros cristianos hasta que un momento de revelación lo hizo caer de su caballo. Se levantó siendo Pablo, un devoto seguidor de Jesús. Podríamos decir que la experiencia de un cambio de paradigma se parece a la de ser tirado por nuestro caballo.

Encontramos otro ejemplo de esto en la legendaria experiencia de sir Isaac Newton y la manzana que cayó en su cabeza, y cómo eso abrió la posibilidad de que comprendiera el concepto de gravedad. Al igual que sucedió a sir Isaac Newton, es común que seamos forzados a ver desde una nueva perspectiva lo que ya existe. Nuestros muy personales despertares son así en buena medida: experiencias repentinas que nos dejan perplejos y restauran el sentido original de estar vivos.

Nuestra forma de ver las cosas es importante. En realidad, nuestra capacidad de ver con la mente y el corazón constituye la única ventana que tenemos para asomarnos a la vida. Esto me recuerda a mi querida abuela, cuando estaba en el centro médico Kingsbrook, en Brooklyn, a la edad de noventa y cuatro años. Cuando le dijeron que el día no era gris, sino que su ventana estaba sucia y le impedía ver un día hermoso, ella se encogió de hombros y dijo: "Si se tiene un ojo sucio, se ve un mundo sucio."

Quizá el sentido del amor sea ayudarnos a limpiar nuestras mentes y corazones para no seguir viendo un mundo sucio. Tal vez el sentido de la amistad sea ayudarnos a romper los hábitos de la mente que nos impiden ver las cosas. Las historias de esta sección hablan de este tipo de cambios de percepción y de las amistades que encontramos al entrar y salir de nuestra senda.

El ciclista

El día de la carrera, él esperaba con los otros y sintió que la vida lo esperaba en las colinas. No sabía muy bien por qué, pero estaba a punto de ocurrir una bendición. Cuando pasó el estruendo del disparo de salida, pudo escuchar la respiración de los demás corredores: eran como caballos jóvenes en la mañana.

Había entrenado durante meses, subiendo y bajando por las colinas, reduciendo segundos a su tiempo al ir ligero e inclinarse en las curvas. Sus piernas eran puro músculo. Solía decir: "Desde mi punto de vista, esto es lo más cercano al vuelo."

En la segunda colina, el pelotón se hizo más delgado y él pedaleaba cerca de los primeros lugares. Cruzaban el territorio como arcos de luz que circulaban por las venas del mundo. Ahora estaba a la cabeza. Conforme avanzaba en dirección a los humedales iba ganado tiempo; entonces lo adelantó una gran garza azul. Sus enormes e intemporales alas estaban desplegadas justo frente a su manubrio.

La sombra del ave lo cubrió y daba la impresión de brindarle acceso a algo que él había estado persiguiendo. Los demás competidores se acercaban, pero él se detuvo sin más y se quedó ahí, con la bicicleta entre las piernas al tiempo que miraba el acceso que la gran garza azul le había abierto al volar por el cielo.

A lo largo de los siguientes años, la gente le preguntaba: "¿Qué impidió que ganaras la carrera?" Estuviera donde estuviera, él siempre miraba al sur y, de vez en cuando, respondía: "No perdí la carrera: la dejé."

Para responder en tu diario

- *Narra la historia de un momento de tu vida en que el duro trabajo haya llevado a un resultado inesperado y comenta lo aprendido de la experiencia.*

Preguntas para la sobremesa

Para ser formuladas a los amigos y seres queridos durante la cena o la hora del café. Procuren escuchar la respuesta de cada persona antes de la discusión:

- *¿Qué nos dice esta historia sobre la diferencia entre aquello por lo que trabajamos y lo que en realidad sucede?*
- *¿Qué diferencia existe entre "perder la carrera" y "dejar la carrera"?*

Una meditación

- *Cierra los ojos, respira lentamente e imagina algo por lo que estás trabajando duro. Fíjate, sin juzgar, en qué te proporciona más energía: el proceso o la meta.*
- *Vuelve a cerrar los ojos, respira lentamente e imagina tu trabajo duro sin la meta que tienes en mente o sin la razón por la que haces todo. Si puedes, concéntrate sólo en el proceso en que te encuentras inmerso.*
- *Cierra los ojos, respira lentamente y visualiza un ave que vuela sin saber a dónde va. O a un ciclista que pedalea sin destino alguno.*
- *Abre los ojos y entra a tu día.*

Cerca de dejar la Tierra

Esperábamos en la zona de comida rápida del aeropuerto. Era temprano, y él meneaba su café sentado a solas. Yo podía escuchar el sonido del palito para revolver el café al chocar contra el vaso de unicel. De pronto, tuvo un rictus de dolor. Entonces vi una protuberancia del tamaño de una pelota de *softball* en su hombro derecho. Éramos pocos los que esperábamos en el control de seguridad, tratando de despertar antes de ser llevados lejos de la Tierra.

Tal vez estábamos un poco inconscientes, casi removidos por un momento de nuestras propias vidas, mascando calladamente, como ardillas, antes del amanecer. Pero él comenzó a narrar su historia como si todos nos conociéramos. Estaba muriendo, y eso sólo resultaba atemorizante cuando se guardaba el hecho para sí mismo: "La maldita cosa está demasiado cerca de mi espina dorsal como para operarla, así que sólo me resta esperar." Entonces rió: "Y vaya que hemos tenido bastante práctica en esto de esperar, ¿no?"

Él había bajado la cortina que nos separaba. Ahora nos calentábamos alrededor del fuego, de ese fuego que nunca se extingue, del que se mantiene encendido con el dolor que le arrojamos. Una sobrecargo amable que iba a Japón se aproximó: "Sólo mantente positivo, querido; eso solía decir mi papi."

Sentí mi propia historia de cáncer, la que me permitió romper con la pretensión de que éramos extraños. La sobrecargo se fue y yo quería hablar con él, decirle que, de cualquier modo, ya lucía radiante. El corazón me palpitaba con fuerza. Entonces anunciaron el abordaje de su vuelo. Él se sobresaltó y supe, reconocí, que había escuchado el llamado durante un segundo, un llamado semejante al que había escuchado en la oficina de su médico tras ser diagnosticado, y luego, cuando lo llevaron a recibir quimioterapia. Se fue con urgencia, tanta que dejó una pequeña bolsa tras de sí.

Tomé la bolsa y corrí tras él, le toqué el hombro y empecé con mi confesión: "Yo también…" Él se encogió de hombros (el hombro que tenía el tumor lo hacía parecerse a Atlas). Tomó mi mano y me consoló murmurando: "Lo sé."

Para responder en tu diario

- *Describe un momento en que hayas sentido la necesidad de compartir algo personal con un extraño y a fin de cuentas no lo hiciste. ¿Qué hubieras dicho, de ser posible?*
- *En tu opinión, ¿son los extraños amigos que no hemos llegado a conocer? ¿Existen en verdad diferencias que nos separan?*
- *¿Cómo decides si compartes o no algo con un desconocido?*

Preguntas para la sobremesa

Para ser formuladas a los amigos y seres queridos durante la cena o la hora del café. Procuren escuchar la respuesta de cada persona antes de la discusión:

- *Describe un momento en que hayas sentido conexión con un extraño. ¿Cómo lo descubriste? ¿Qué tenían en común, de ser el caso?*
- *Cuenta la historia de alguien que te haya dado la impresión de haberle conocido desde siempre, una relación que ahora es más estrecha e importante que antes. ¿Cómo explicas esto?*

Una meditación

- *En la siguiente ocasión en que esperes en un lugar público, concéntrate en un extraño que se encuentre al otro lado de la habitación (sin resultar intrusivo y sin clavarle la vista).*
- *Inhala lentamente y absorbe su presencia.*
- *Exhala lentamente y permite que tu presencia fluya por la habitación.*
- *Inhala e imagina la vida que ha llevado a ese extraño ahí.*
- *Exhala e imagina cómo te ve el extraño desde su lugar.*
- *Cierra los ojos y exhala en dirección a esa persona permitiendo que el amor que hoy te habita llegue a él o ella como si fuera una ola.*

El maestro del té y el guerrero

Rikiu observaba las flores de cerezo desperdigadas por su camino cuando escuchó que Taiko desenfundaba su espada cerca de la entrada. Rikiu deseó que las flores cubrieran la espada de su amigo mientras ellos estaban adentro.

Sin su espada, Taiko parecía un niño grande al que se le permitía llorar por demasiado tiempo. Rikiu lo alcanzó en el pórtico. Hasta el mismo Taiko se sentía tonto con ese aspecto severo y pisando las flores descalzo.

Conforme caminaban a lo largo de su jardín, Rikiu se preguntó por qué seguían encontrándose, pero sabía que los insectos suelen alimentarse de la esencia de las flores y que las flores aman esto. Las linternas se balanceaban al viento mientras Taiko expresaba sus recelos en el sendero; Rikiu los miró hundirse tras las piedras.

Cerca de la pequeña puerta del cuarto de té de Rikiu, había un aroma que, en primera instancia, denotaba pensamientos egoístas. Era un aroma dulzón, como a corteza, uno de esos aromas que pueden hacer que quien está inmerso en sus pensamientos se convierta en un tipo ávido de escuchar una canción.

Taiko se arrodilló. Rikiu hizo lo propio.

En el interior, las paredes parecían translúcidas y el viento que pasaba entre los árboles los ensombreció. Taiko supo de repente que nada era secreto. La tetera comenzó a cantar y el vapor envolvió a Taiko ablandando su corazón. Rikiu, según lo había previsto, reconoció al amigo que amaba.

Envueltos en vapor, Taiko se preguntó una vez más por qué se había sentido así de bien siendo que aquello no podía durar.

Primero cantó la tetera como si se tratara de una mujer que sueña con mil pájaros, luego lo hizo cual si fuera un hombre que se traga sus problemas y terminó como el chillido de un alma alimentada con asuntos terrenales. Este último hervor era el que había estado esperando Taiko mientras Rikiu removía las hojas en el fuego. Era como si por fin las hojas decidieran dejar a un lado su diminuta necedad.

Cuando el tazón estuvo lleno, Taiko quedó inundado por el estado de ánimo de Rikiu. Ahora sus ojos se hermanaban. El vapor y el incienso los tornaba cautos, como peces que nadan por lo bajo. Aunque parezca imposible, conforme bebían sus pensamientos se acercaban a una tonalidad rosácea.

El rostro de Taiko brillaba. Rikiu sintió que sus entrañas se calentaban y, cediendo a un viejo deseo, dijo por centésima ocasión: "Debes dejarlo y quedarte conmigo."

Y Taiko, por centésima ocasión, permaneció impávido. Esperó como si con ello evitara ofender a su extraño hermano, pero finalmente movió el tazón a la izquierda, como si fuera el cráneo de un dios impotente, e hizo una reverencia muy pronunciada.

Al salir del vapor, el corazón de Taiko comenzó a endurecerse y, conforme salía del salón del té, el grillo dejó de escucharse. Al pasar junto a las linternas que se balanceaban, para hacer que se quedara, retomó sus frías sospechas. Y Rikiu, aún tibio por dentro, procuró no sentirse tan triste como Taiko que, en el pórtico, quitaba las flores de su espada y se la ajustaba a la cintura como si de otra pierna se tratara.

Para responder en tu diario

- *Imagina que la reunión entre Rikiu y Taiko es una conversación entre distintos aspectos del mismo yo. Si el maestro del té es nuestro ser interno que encuentra significado en el hecho de vivir, y el guerrero es nuestro ser externo que encuentra significado al permanecer vivo, describe a tu maestro del té y a tu guerrero. Imagina la conversación que tendrían contigo en este momento.*

Preguntas para la sobremesa

Para ser formuladas a los amigos y seres queridos durante la cena o la hora del café. Procuren escuchar la respuesta de cada persona antes de la discusión:

- *Describe qué voz es más fuerte en ti ahora mismo: ¿la del maestro del té o la del guerrero?*
- *Cuenta la historia de una experiencia definitoria que resulte fundacional para el maestro del té que habita en ti.*
- *Cuenta la historia de una experiencia definitoria que resulte fundacional para el guerrero que habita en ti.*
- *Describe tu salón del té y tu espada.*

Una meditación

- *Hierve agua para el té y escucha cuidadosamente el canto del agua en sus múltiples voces. Fíjate en qué voz del té te resulta más atractiva.*
- *Mientras el té se hunde en el agua y enfría para ser bebido:*
- *Cierra los ojos, respira profundamente y permite que el maestro del té entre en la infusión. Nota qué se siente.*
- *Cierra los ojos, respira profundamente otra vez y permite que el guerrero entre en tu bebida. Nota qué se siente.*

- *Conforme pasa el día, permite que tu maestro del té y tu guerrero conversen. Fíjate en qué parte de tu ser vive esa conversación.*

Desde el peral hasta el nido

Había un nido en el techo del pórtico. Quedaba sólo un polluelo y la madre estaba en un peral situado a seis metros de distancia. La madre lo llamaba para que intentara volar. Todos los demás lo habían hecho pero éste tenía miedo. Revoloteaba y, al hacerlo, sus alitas chocaban contra el nido reseco mientras la criatura respondía suavemente.

Esto siguió durante horas. El llamado de la madre y la resistencia del polluelo semejaban nuestro salto al amor, o nuestro intento por ser. Poco después, parecía como si ambos seres compartieran un alma:

El llamado más antiguo: "¡Debes tratar!"

El piar más discreto: "¡No puedo! ¡No puedo!"

El ave mayor exigía: "¡Naciste para esto!"

La menor lamentaba: "¡No puedo! ¡No me obligues!"

La madre insistía: "¡Todo espera a que abras las alas!"

El pequeño, nervioso: "¡Está bien! ¡Trataré! ¡No puedo pero trataré!"

Continuó el intercambio desde el peral hasta el nido. Parecía que el único propósito de la madre era lograr que sus pequeños volaran.

Al igual que en el caso de la madre pájaro, la voz del alma se posa cerca para alentar a que nuestro tímido corazón se decida a saltar hacia donde nada es firme.

28

Para responder en tu diario

- *¿Qué llamado escuchas ahora para hacer algo que te da miedo?*
- *¿Cuál es el nido al que te aferras?*
- *Si la madre pájaro y el pajarillo son partes ineludibles de nuestro ser, describe la última vez que estas partes discutieron contigo y cuál fue el resultado.*

Preguntas para la sobremesa

Para ser formuladas a los amigos y seres queridos durante la cena o la hora del café. Procuren escuchar la respuesta de cada persona antes de la discusión:

- *Cuenta la historia de alguien que haya sido como una madre-pájaro para ti, alentándote a intentar las cosas, a vivir aquello para lo que naciste.*
- *¿Qué le dirías si estuviera contigo ahora?*

Una meditación

- *Siéntate cerca de un árbol o en un sitio desde el que puedas observar uno.*
- *Espera a ver un pájaro en el árbol.*
- *Observa cómo despega el ave, cómo vuela y cómo aterriza.*
- *A lo largo de tu día, reflexiona en cómo esto puede traducirse en tu mundo.*
- *Por la noche, da gracias al ave por haberte instruido.*

EN ESPERA DEL BOTE

1

Él esperaba el bote. Todos parecían ofendidos, sobre todo su padre. Daba la impresión de que soñar algo que nadie había soñado era un insulto. Todos pensaban que se trataba de una falla de su temperamento. Pero en sus momentos más íntimos, él creía que la falla llevaba a un profundo cañón en su interior. Si tan sólo accediera a este cañón, el mundo quedaría al descubierto.

Esperaba el bote. Su padre gruñó: "¿Y si viene el bote?" "Pues entonces lo tomaré." "¿A dónde irás?" En este punto, él calló. Su padre se sintió ofendido. Había trabajado la tierra en que nació, había luchado por ella, la había acrecentado, todo para que el tonto de su hijo se quejara de la propiedad diciendo que lo hacía sentir como al pájaro en su jaula. De seguro que todo el tiempo pensaba: "Si llega el bote, lo tomaré."

Nadie recordaba la llegada de bote alguno. Ni siquiera había muelle. Aun así, él caminaba por la orilla, entre los árboles, y miraba fijamente a la distancia. Su madre reprendió al viejo: "Sé paciente. ¿Ya no recuerdas cómo te emocionaba la más roja de las flores?"

El padre se enojó: "¡No hay bote!" Ella se aproximó y dijo: "Mientras siga soñando, se quedará." "¡Nunca será un hombre!" "Sólo déjamelo a mí."

2

Soñaba despierto con el bote; soñaba con una vida que estuviera más allá de las tareas diarias, más allá de los compromisos familiares; soñaba con algo impredecible. No dejaba de preguntarse: "¿Puedo usar mis propios pensamientos para dar poder a mis manos?" Estaba inseguro.

La otra persona que estaba a la altura de su padre tenía cuatro hijas. Un matrimonio uniría las tierras de ambos. Todo estaba preparado para que él se casara en menos de un mes.

Él soñaba con el bote y con los mares que éste podría cruzar cuando su padre lo hizo entrar en la casa para hablarle del matrimonio como si fuera un trato cualquiera: "Sólo escoge a la que mueva tu corazón y yo te enseñaré después todo lo que debes saber."

Él se volteó y dijo: "Estoy esperando el bote." Su padre lo tomó por los hombros y lo agitó diciendo: "¡Estoy harto de tu maldito bote! ¡Te estoy dando mi vida!" Y por un instante miró a su padre, como si su propia vida ocupara más espacio.

Se reunió en privado con su madre. "¿Alguna vez has visto este bote, en tu mente, quiero decir?" Él caminaba nervioso: "¿Por qué no unen sus pequeños imperios y asunto resuelto?"

Ella le pasó los dedos entre el cabello con la intención de consentir y peinar su mente: "Así no se hacen las cosas. No querrás que tu padre sea visto como alguien indigno."

Empezó a ablandarse. Ella seguía consintiéndolo:. "¿Alguna vez has visto el bote?" Él se volvió al darse cuenta de que su interés era genuino: "No directamente, no, pero…" Ella puso un dedo en sus labios: "¿Entonces cómo sabes que esa barca que buscas, este sentido de la exploración, no se encuentra en algunas de las hijas?"

Se sintió confundido. Ella lo besó lento: "El amor se parece mucho a un gran barco que nadie ha visto, un barco que sale a navegar por los años."

3

La primera hija se parecía mucho a su madre y, por más que él trataba de ver su sueño reflejado en ella, la muchacha era más muelle que barca. Lo intentaron durante meses. Era fácil apoyarse en ella. En sus momentos más tiernos, él se recostaba en sus piernas y ella le acariciaba la mente. Lo besaba lentamente, lo cual daba cierta seguridad al muchacho. No obstante, ella nunca permitía que él la despeinara.

Tenía grandes planes para el futuro, y todo lo que hacían, fuera leer a la luz de la luna o nadar por la mañana, debía repetirse día a día; si él variaba, el malhumor de ella se le venía encima. Hacía el amor como una virtuosa, pero él se sentía como un instrumento.

Cuando él cortó la relación, sus padres la consideraron como una hija. Los tres aplaudían las semejanzas y pensaron que la decisión de él era extraña. Su padre la deseaba en secreto.

4

No pudo convencerse de casarse puesto que no se conocía a sí mismo. Su padre no le hablaba. Su madre lo tocaba como si él fuera un arpa: "Pienso que me debes una explicación. Ella habría sido una excelente madre." Él se volvió consternado: "Nada te debo. Espero el bote."

Menos de una semana más tarde, le presentaron a la segunda hija. Los ojos de la muchacha le dijeron que la habían obligado también. Se hicieron grandes amigos. Ella le envidiaba su masculinidad, su capacidad para heredar. Se sentaban sobre el pasto crecido con las piernas cruzadas procurando que nadie los encontrara. Entonces ella preguntaba repetidamente: "¿Por qué no quieres lo que tu padre desea darte?" Nunca había logrado responderse del todo, hasta que por fin un día el viento le rozó por la cara y lo supo él mismo: "Lo hago porque no lo está dando en realidad. Me lo está prestando hasta que pueda aprender a no morir."

Rieron mucho y se preguntaron si podrían llevar una vida juntos. Ella no comprendía su deseo, pero escuchaba, puesto que también tenía sueños: soñaba con ser escuchada. Sí. Tras tanto camino recorrido le parecía suficiente con que la escucharan.

Les gustaba sentarse en la hierba y, después de poco tiempo él fantaseó con cambiar lugares con ella: "Si yo fuera la hija y tú el hijo, tal vez nos dejarían en paz." Ella llevó las cosas un poco más lejos: "¿Qué tal si nos casamos? Yo llevaría todos los asuntos y tú podrías hacer lo que quisieras."

En principio, esta idea los emocionó, pero cuando se fueron del pastizal, la idea pareció complicarse; a él le molestaba el hecho de que ella pareciera contenta con el sueño de su padre. Siguieron siendo amigos, y le advirtió en contra de sus hermanas.

5

Su padre lo acorraló: "Se te están acabando las opciones." Él respondió de mala gana: "No. Estoy empezando a ver." El viejo se acercó mucho, observándolo como hace una persona que se aproxima a un sitio para examinar las causas de un accidente: "Si no eliges tú, tendré que hacerlo yo en tu lugar."

Él caminó alrededor de su padre y dijo: "Si llega a venir el bote, lo tomaré." El viejo estaba furioso. Se disponía a salir airado de la habitación cuando él lo detuvo: "¿No piensas preguntarme a dónde iré?" "No." "Pero ya sé a dónde me marcharé." "¿A dónde?" "A un lugar al que no puedes ir."

6

La tercera hija era fuerte como su padre, pero tenía su propio sueño. No bailaba a la sombra de nadie. Entraba a cualquier lugar sin importarle quién estuviera ahí. Ella lo intoxicaba. No esperaba a que se le hablara, sino que hablaba durante horas sin tomar en cuenta si los demás estaban o no escuchando.

Él le envidiaba eso. Junto a ella, su bote parecía insignificante. Por ahora, la muchacha no resultaba desafiante, pero él se aterró al pensar que ella bien podría tragarse el bote diciendo que le pertenecía.

Ella lo llevó a la cima de una montaña y bailó hasta que él estuvo seguro de que la mujer lo había olvidado. Lo hacía sentir pequeño. Él le propuso que se fueran, y ella tronó: "¡No! ¡No todavía!" y siguió inventando pasos. Él la miraba girar tan satisfecha en su propio sueño de las cosas, que debió preguntarse si su padre se sentiría tan empequeñecido al estar con él.

Le habló del bote. Ella lo detuvo en seco: "¿Para qué esperar?" Lo atemorizó al decir: "¡Ve y encuentra ese barco!" "Pero no sé en dónde buscar." Ella le dijo con la respiración agitada y señalando con el dedo en su cara: "Para eso sirve la búsqueda." Logró que la respiración del muchacho también se agitara. Ella lo abrumaba. Lo hacía moverse. Lo alentaba juguetona, pero él no podía aguantarle el ritmo. Él la amaba tanto como a su sueño. Ella no quería casarse con él, pero juró acompañarlo si encontraba el bote.

7

Sus padres se suavizaron al saber del rechazo. Él estaba deprimido. En este estado fue que conoció a la cuarta hija, una muchacha cuyos ojos eran agua pura. Su aliento era complaciente. Pero no tenía sueño alguno: no soñaba con la libertad, ni con el amor, ni le urgía bailar o ejercer el control.

Apenas habían pasado algunos días y ella ya lo atendía, llenando cada espacio vacío, pues siendo agua, había encontrado en dónde hacer estanque. Luego, como si fuera una esponja, absorbía toda su infelicidad y lo dejaba vacío. Él acudía a ella cuando necesitaba vaciarse o llenarse, para irse de inmediato; en cuanto parecía aliviado ella daba la impresión de esfumarse.

Ni a sus padres agradaba la muchacha, pero a decir verdad, estando con ella sentía más calma que al soñar con su bote.

8

Caminaba entre los árboles cerca del agua. Se preguntaba si todo había sido un sueño y, de ser así, quiénes eran estos otros "yo" que se presentaban a él para hacerle un juego de espejos. Perdió la mirada en la lejanía; se sentía cansado de ser atendido y de consentirse, de controlar y de resistirse al control, de ser esperado al tiempo que él mismo esperaba cosas. Y también estaba cansado de esperar.

Comenzó a ver los árboles como tablas y las vides como sogas. Comenzó a construir una cáscara a su mente, fue por algunas herramientas y, a su regreso, la tercera hija estaba ahí bailando como loca y le ofreció ser su compañera si él construía su propia vida.

Para responder en tu diario

- *¿Estás esperando algo en la vida? ¿Qué dolor o temor esperas que alivie? ¿Qué vacío o qué soledad esperas que colme?*
- *Hacia el final de la historia, el hijo se pregunta quiénes son "estos otros yo" que se presentaban a él para hacerle un juego de espejos. Explora qué características podría representar cada hija y describe tu propia relación con la característica que te resulte más problemática.*

Preguntas para la sobremesa

Para ser formuladas a los amigos y seres queridos durante la cena o la hora del café. Procuren escuchar la respuesta de cada persona antes de la discusión:

- *Nombra una idea tuya sobre la vida que creas que ha sido malinterpretada o difícil de articular. Describe la historia de cómo te has aferrado a lo que significa para ti.*

- *Túrnense para realizar un juego de roles intuitivo:*
- *Al hablar, describe una sola cosa que estés esperando, deseando.*
- *Al escuchar, imagina que tú eres esa cosa de que se habla.*
- *Al hablar, comienza la conversación diciendo: "¿Por qué eres tan difícil de encontrar?"*

Una meditación

- *Cierra los ojos y respira hasta acceder a tu centro.*
- *Inhala y exhala hasta que no sientas necesidad de palabras.*
- *Siente el placer de ser, en exclusiva. Permite que te invada.*
- *Inhala e imagina que tu sentido del ser es un bote que te lleva.*
- *Exhala y siente cómo el bote de tu ser flota en la corriente del momento.*
- *Abre los ojos y extiende las manos al día como lo harías al pasar por una caída de agua.*
- *Entra al día creyendo que, por el momento, no hay nada qué esperar.*

CON GRAN ESFUERZO

Había una gran piedra entre ellos. Por un tiempo, cada pensamiento que el otro tenía le había dado existencia; no obstante lo anterior, la roca los precedía por mucho. Ninguno podía hacerla ceder, pero juntos podían moverla un poco.

De modo que, con gran esfuerzo, la mecieron lo suficiente para crear un espacio oscuro entre la piedra y la tierra que se había compactado por tantos años. Podrían haberse ido, pero de algún modo supieron que, si lo hacían, la piedra siempre estaría entre ellos. Así que siguieron meciéndola y calzándola, creyendo que en algún momento lograrían volcarla.

Y a la tercera mañana, la enorme piedra rodó finalmente como la más pesada de las lenguas, con un estruendo que pudieron sentir hasta en la garganta. La parte inferior de la roca había arrancado pedazos de suelo y se veían raíces rotas. En esta cavidad recién abierta, los gusanos y otros bichos escapaban de la luz. Respirando pesadamente, ambos miraron esa cosa enorme recién desenterrada y sonrieron.

Entonces empezaron a rodar la piedra hasta descansarla sobre una rama rota debajo. Esto les costó también un gran esfuerzo, pero poco a poco fueron capaces de levantarla un poco entre los dos para ponerla sobre una rama rota y así otra vez, y otra y otra vez. El trabajo avanzaba muy lentamente, tanto que parecía más bien una forma de vida, pero así movieron la cosa desenterrada a través de un campo hasta ponerla en la entrada de su jardín.

Fue allí que decidieron lavar la cosa que estaba entre ellos, pero que estuvo allí desde mucho tiempo antes. La limpiaron de tierra y de los insectos que se ocultaban en las grietas.

Una vez limpia, pudieron ver las vetas de la piedra, ocultas durante tanto tiempo. Eran en verdad bonitas, así que presionaron las cansadas palmas de sus manos contra la roca y cerraron los ojos en una especie de oración repentina.

Luego, rodaron la cosa limpia y desenterrada una última vez y, justo en el lugar en que quedó, iniciaron un camino; y esa cosa enorme que nadie pudo mover antes que ellos, se convirtió en la primera piedra. Aunque rara vez hablan de eso, quienes escuchan la historia saben de algún modo que así es como lo aparentemente inamovible se convierte en cimiento.

Para responder en tu diario

- *Cuenta la historia de tu propio gran esfuerzo —sea sólo tuyo o compartido— e indica hasta dónde te condujo.*
- *¿Hay algo en tu vida actual que te pide le dediques un mayor esfuerzo? Describe la situación y qué sucedería si dedicas más tiempo a ese asunto.*

Preguntas para la sobremesa

Para ser formuladas a los amigos y seres queridos durante la cena o la hora del café. Procuren escuchar la respuesta de cada persona antes de la discusión:

- *La historia trata de ilustrar cómo es que "lo aparentemente inamovible se convierte en cimiento". ¿Qué significa esto para ti y cómo describirías el proceso en tus propias palabras?*
- *Cuenta la historia de alguien que te haya enseñado lo que un gran esfuerzo significa.*

Una meditación

- *Mientras respiras, reflexiona sobre lo que para ti significa "intentar" las cosas.*
- *Conforme respiras lentamente, permite que tus propias imágenes vayan y vengan.*
- *Párate lentamente, levanta una pierna y trata de permanecer quieto. Piensa en el esfuerzo que esto requiere.*
- *Párate sobre ambos pies y respira hondo. Fíjate en qué se siente tras hacer el esfuerzo.*
- *Siéntate y respira lentamente. Reflexiona sobre cómo intercambian información la atención y el esfuerzo.*

Lograr que brote una oreja

Recuerdo —años antes de lastimar mis pies en busca de un sendero— estar sentado en la cama de hospital de mi abuela, quien era inmigrante. Yo miraba sus rictus de dolor mientras le colocaban gasa en los talones ulcerados.

Recuerdo —años antes de salvar a mi cobrador dorado de morir ahogado— observar a un compañero de trabajo que lloraba por su perro muerto mientras trataba de explicarse cómo podía amar a un animal más que a una persona.

Recuerdo —años antes de recomenzar mi vida— mi viaje apresurado por un camino rural, a media noche, para llegar con mi suegro y ver sus orgullosos ojos mirando cómo se quemaba el granero que había construido 30 años atrás.

Fue después que sentí su dolor, e incluso más, su verdadera alegría por cuidar de las cosas. Poco a poco me di cuenta de que la Tierra no es lo suficientemente grande para quienes dan la espalda.

¿Qué se necesita para que la vida nos muestre sus cimientos? ¿Sólo la ruptura de todo lo que desfila entre nuestros corazones? Si me atrevo a escucharte, te sentiré como si fueras el sol y creceré en tu dirección.

Para responder en tu diario

- *Por lo común, las enseñanzas más hondas toman su tiempo para revelarse. Cuenta la historia de una enseñanza que te haya mostrado su lección pasado algún tiempo.*
- *¿Cómo describirías a un niño este tipo de enseñanza?*

Preguntas para la sobremesa

Para ser formuladas a los amigos y seres queridos durante la cena o la hora del café. Procuren escuchar la respuesta de cada persona antes de la discusión:

- *¿Por qué crees que se requiera de tiempo —a veces hasta de años— para aprender las cosas que valen la pena?*
- *¿Qué significa para ti la frase "Si me atrevo a escucharte, te sentiré como si fueras el sol y creceré en tu dirección"?*

Una meditación

- *Permanece en calma y reflexiona sobre tu vida. Encuentra una lección profunda manifestada con el paso del tiempo. Puede ser la misma que usaste en la sección de preguntas Para responder en tu diario, visualízala mentalmente.*
- *Exhala y trata de recordar tu inocencia en el momento en que tuvo lugar el suceso.*
- *Inhala y trata de percibir el sentido del significado que el hecho tiene para ti ahora.*
- *Abre los ojos y da gracias por lo que ocurrirá, un suceso que te comunicará su sabiduría en los años por venir.*

Moisés tiene problemas con las instrucciones de Dios

A punto de morir, Moisés quiere regresar con los vivos pero recuerda que, tras obtener las Tablas de la Ley por segunda vez, tuvo problemas con las instrucciones de Dios para consagrar el candelabro.

Parece extraño. Las cosas que más recuerdo son circunstancias de mi profundo olvido. Cuando el Tabernáculo estaba casi completo, subí al Monte para recibir tus instrucciones. Fuiste muy específico. Incluso me enseñaste cómo sostenerlo, bendecirlo y mantenerlo. Yo me concentré en cada destello que Tú enviabas a mi cerebro.

No obstante, al descender de la montaña, vi que las personas hacían la molienda y escuché la discusión de sus problemas: sus disputas sobre qué niños crecían mejor, qué padres parecían más jóvenes y qué amantes amaban de forma más imaginativa. Entonces olvidé cómo construirlo.

Me detuve para aclarar las cosas, confiado en que las ideas pronto retornarían. Nada. Vacío. Cero. Me enojé. No podía recordar siquiera un detalle de su aspecto. Todo resultó infructuoso. No tenía opción: dudé, me tropecé, pero finalmente comencé de nuevo el ascenso.

Esta vez hablaste más pausadamente. Yo repetí concentrado cada parte dejando a un lado cualquier otro aspecto de mi vida. Bajé de nuevo al mundo repitiendo tus instrucciones conforme descendía. Llegué a la plaza del mercado y encontré a una joven que lavaba ropa. El sol agrandaba su seno y le salpicaba los brazos de amarillo. Me resultó imprevista y seductora. Seguí mi camino y pude escuchar cómo frotaba la ropa contra la piedra. Entonces volví a mis sentidos y la dejé perderse en la nada. Pero se había llevado consigo todas tus instrucciones.

Una vez más, estaba completamente vacío. Regresé a buscarla. Por supuesto, ya no estaba. Me calmé, traté de no entrar en pánico, cerré los ojos, empecé a imaginar el lento descenso, la honda repetición. ¡Ni un rastro! Dos veces más, por diversas razones, sucedió lo mismo. No importaba qué hiciera: las instrucciones se me escapaban. No podía asimilar la idea de manera apropiada ni formar un concepto claro.

Sólo hay dos conclusiones posibles: el asunto elegirá por sí mismo el medio para ser recordado. La luz escogerá el día, el corazón, las palabras especiales o la tibieza con que deben decirse. Hay cosas que desafían la estructura, el hecho de ser ancladas en el mundo: la luz se niega a ser transportada, la flama misma es brillante cuando el palo que la genera apunta hacia arriba.

Para responder en tu diario

- *¿Cuál es la diferencia entre las cosas que permanecen desconocidas como, por ejemplo, el porqué del sufrimiento, y las cosas plenamente reconocibles, como la verdadera esencia de nuestro yo?*
- *Describe algo que te resulte desconocido y otra que identifiques muy bien.*
- *¿Por qué resulta tan difícil permanecer al tanto de lo que sabemos en nuestro interior?*

Preguntas para la sobremesa

Para ser formuladas a los amigos y seres queridos durante la cena o la hora del café. Procuren escuchar la respuesta de cada persona antes de la discusión:

- *Cuenta la historia de una época en que algo insignificante o frívolo te distrajo de algo significativo y esencial.*
- *¿Qué te ayudó a recordar?*

Una meditación

- *Antes de salir de casa respira lentamente y, por un momento, trata de sentir tu centro más genuino, más hondo. Fíjate qué sientes.*
- *Conforme avance el día, reconoce los momentos en que te distraes de tu centro.*
- *En cada ocasión que esto suceda, respira lentamente y trata de regresar, aunque sea brevemente, a tu centro genuino. Nota los ritmos de tu regreso al centro.*

LOS PESCADORES

En principio, pescaban para obtener comida. Eso les daba la sensación de pertenecer a la naturaleza: los anzuelos, el carrete, el cuchillo para limpiar lo obtenido, el cocinar. Al acampar bajo las estrellas se comían a la naturaleza. Estaba más allá de las palabras. Al más joven le gustaba la lucha. Al mayor, esperar.

Se encontraban dos veces al año. Pasado un tiempo, buscaron lugares más alejados para esperar y luchar: Missoula y Argentina. En Argentina, no se mataba lo capturado, lo regresaban al río. Al principio era extraño: esperar tanto y luchar tan duro para limitarse a acampar en el silencio de Dios, hambrientos por probar lo que habían capturado y, sin embargo, debían regresarlo a las aguas.

Al año siguiente, al que agradaba esperar quería ir a México para tejer una red. Su amigo lo acompañó. Aunque se hablaron muy poco, fueron grandes amigos durante años.

Durante el último invierno murió a quien le gustaba esperar. El otro fue a México de cualquier manera. Al arrojar la red solo, se preguntó por qué le gustaba tanto a su amigo esperar. Y mientras esperaba, se preguntó por qué habían pasado su vida pescando lo que no podían ver, no conservaban y rara vez comían.

Para responder en tu diario

- *Describe una época en que luchaste y luego rechazaste aquello por lo que luchabas. ¿Qué te enseñó esta experiencia?*
- *Describe tu relación con la espera y cómo te ha visitado en la vida.*

Preguntas para la sobremesa

Para ser formuladas a los amigos y seres queridos durante la cena o la hora del café. Procuren escuchar la respuesta de cada persona antes de la discusión:

- *Habla de aquello que pescas en la vida. Puede tratarse de sabiduría, amor, comprensión, paz, comodidad, abundancia, soledad o un sentido de pertenencia.*
- *¿Qué tal va?*

Una meditación

- *Siéntate en calma y respira lentamente hasta sentirte centrado.*
- *Imagina que pescas en tu interior con tu respiración.*
- *Hunde profundamente tu aliento en el oscuro estanque que rodea tu corazón y espera.*
- *Respira con vigor y hondura y fíjate en qué se prende al anzuelo que no quiere ser llevado a la superficie. Puede tratarse de un temor, una preocupación, una inseguridad o del resto de una pérdida o herida que no ha cerrado.*
- *Con firmeza y amor, sácala poco a poco a la superficie.*
- *Si la lucha te resulta demasiado intensa por ahora, corta la línea de tu aliento y deja que lo atrapado vuelva a nadar en las profundidades.*
- *Si logras traerlo a la luz, rodéalo con tu amor y deja que se retuerza hasta que se canse o te sientas seguro.*
- *Respira hondamente por última vez, agradece la presencia de este asunto y devuélvelo a tus profundidades.*

IRROMPIBLE

Mary adoraba la luz en esa época del año. Tenía un brillo extra, en especial por las mañanas, antes de que todos los demás se levantaran. Ese día, la luz resultaba particularmente agridulce, dado que su querida amiga Laura había muerto la semana anterior. Y de entre todas las cosas que compartieron y dejaron en sus respectivas casas, Mary fue a encontrar ese día la bata de Laura, y todo porque la luz temprana que tanto amaba se había colado por la ventana llegando a su cama y al armario. Sacó la bata y pasó sus manos a lo largo de la manga. Era difícil imaginar la vida sin Laura. No pasó mucho tiempo antes de que Mary se pusiera la bata de su amiga. Abrió la ventana y permaneció de pie, bañada por la luz. Pronto Mary empezó a imaginar el mundo después de su propia muerte; pensó en su hija poniéndose su bata en la mañana siguiente a su deceso. Extrañamente, no estaba triste. No. La tristeza dejaba su lugar a algo más profundo. Luego sintió que muchas mujeres se ponían sus respectivas batas: generación tras generación, cada una consciente de la mujer anterior, haciendo una reverencia al mundo que sigue su marcha más allá de nosotros. Cada mujer era partícipe de la tierna noción de que, aunque somos necesarios, el mundo puede sobrevivir sin nosotros. Y repentinamente, cada mujer se pone la bata de su antecesora, como si las fuera uniendo una cuerda tejida por lo que importa: una descendencia ininterrumpida que nos demuestra cuán frágiles y preciosos somos. Se quedó allí de pie con la bata de Laura puesta, envuelta en esa luz matinal.

Sentía la soledad, pero no se sentía sola. Y, hasta donde podía ver su corazón, las mujeres de todas las épocas se enfundaban las batas de cada una, de cada cual. Cerró los ojos y empezó a balancearse. Casi podía escuchar cómo los secretos de una pasaban a la otra.

Para responder en tu diario

- *Si tuvieras que elegir una característica tuya insustituible y pudieras compartir con los demás, ¿cuál sería? Nómbrala y descríbela. Brinda algo de historia sobre ese linaje al que perteneces y que esta característica representa.*

Preguntas para la sobremesa

Para ser formuladas a los amigos y seres queridos durante la cena o la hora del café. Procuren escuchar la respuesta de cada persona antes de la discusión:

- *Trae a la mesa un objeto que atesores y haya pertenecido a alguien que te importa, vivo o muerto. Comparte su historia. Luego permite que los presentes puedan tocarlo.*
- *Trata de describir qué te aporta ese objeto.*

Una meditación

- *En silencio, revisa las cosas que conservas como signo de amor y verdad que te mantiene fuerte.*
- *En este momento, elige una de esas cosas, la que sientas que vale la pena preservar para la siguiente generación.*
- *Siéntate ante ese objeto y respira lentamente honrando su presencia en tu vida.*
- *Respira profundamente mientras lo tienes en tus manos y permite que te llegue la idea de a quién debes pasarlo.*

LA LABOR DEL GUSANO

Un miembro de la tribu de los Ojibway cuenta la historia de que el Gran Espíritu tenía problemas para mantener unido al mundo. Entonces, un gusano dijo que podía ayudar. Sabedor de que el secreto de la vida está en todas las cosas, el Gran Espíritu aceptó de buena gana la ayuda ofrecida por el pequeño gusano. De manera que dijo: "Ayúdame, pequeño gusano", y el pequeño gusano produjo lentamente su apenas visible hilo de seda, conectando con una delicada red a todos los seres de la creación. El Gran Espíritu sonrió, y su sonrisa proyectó una luz sobre la Tierra, haciendo que la red de interconexión fuera visible por un momento. El Gran Espíritu se maravilló por el laborioso regalo del gusano. El gusano no era listo ni brillante, simplemente se dedicaba a ser y hacer lo que sabía hacer: avanzar centímetro a centímetro por la Tierra, produciendo desde sus entrañas un fino hilo que mantiene todo unido. Y justo eso dijo el Gran Espíritu al gusanito: "Nos has salvado, gusano, no siendo grandioso o valiente, sino fiel a tu propia naturaleza. Permitiré que vivas por siempre."

El gusano quedó estupefacto y algo asustado. El Gran Espíritu se dio cuenta: "¿No quieres vivir por siempre?" El pequeño gusano se acercó un centímetro: "¡Oh, Padre! La Tierra es suficientemente grande para cruzarla. Temo los muchos años si no puedo crecer." El Gran Espíritu sonrió de nuevo a causa de la sabiduría que demostraba una de sus más humildes criaturas.

"Muy bien, gusanito. Te permitiré crecer por siempre. Te daré la capacidad de tejer este hilo precioso que conecta todo lo que te rodea. Cuando puedas encerrarte en tu tejido para así acallar tu urgencia de avanzar retorciéndote, te permitiré renacer después de un tiempo dotado con delgadas y coloridas alas. Así conocerás la ligereza del ser que yo conozco." El gusanito hizo una reverencia y comenzó a buscar una hoja sobre la cual crecer. Y así el Gran Espíritu permitió que el gusano tejiera un capullo para convertirse en mariposa dentro de su quietud.

La historia nos habla de que toda la creación está inter-conectada, y ésta se mantiene unida gracias al humilde traba-jo de vivir en la Tierra y producir un fino hilo en nuestras entrañas. Nos habla de que la experiencia de la eternidad es posible si nos adentramos de primera mano en la casi invi-sible red de conexiones.

Humildemente, como si fuéramos un gusanito, debemos trabajar en nuestra experiencia —nuestro dolor, nuestra frus-tración y la maravilla que advertimos— para convertirla en hilos de seda. Tenemos la libertad de conectar primero todo con nuestra experiencia para después hacer un capullo con esas conexiones. Entonces entramos al capullo de la experien-cia: como el indígena norteamericano se mete en su tipi; igual al yogui que accede a su tercer ojo o el monje que guarda un voto de silencio. La historia nos dice que si perseveramos en la quietud lo suficiente, llegaremos a conocer la liviandad del ser divino.

Para responder en tu diario

- *Describe tres experiencias significativas vividas el último año y explora cómo pueden conectarse.*
- *¿Qué tratan de decirte sobre la naturaleza de la vida y la etapa en que se encuentra tu viaje?*

Preguntas para la sobremesa

Para ser formuladas a los amigos y seres queridos durante la cena o la hora del café. Procuren escuchar la respuesta de cada persona antes de la discusión:

- *¿Crees que existe una red invisible de la vida que todo lo une?*
- *De ser así, ¿qué te lleva a creerlo? Nombra uno de esos hilos invisibles que mantiene todo unido.*
- *Si no crees en la existencia de la red, ¿qué te lleva a sentir que ésta no existe? ¿Y cómo describirías la forma en que la vida parece mantenerse unida?*

Una meditación

- *Reflexiona sobre cómo se convierte un gusano en mariposa dentro de un capullo.*
- *Respira lentamente y reflexiona en cómo la inocencia se convierte en madurez gracias al capullo de la experiencia.*
- *Al inhalar, piensa en el capullo en que ahora te encuentras.*
- *Al exhalar, considera qué parte de ti está siendo liberada y a qué otra parte se le dan alas.*

2. LA VIDA DE LOS OBSTÁCULOS

*El amor es la revelación extraordinariamente compleja
de que algo distinto a nosotros es real.*

IRIS MURDOCH

La vida de los obstáculos

Persigue el obstáculo…
Te hará libre.

Ganesha es el dios hindú que provee y remueve los obstáculos. Se le representa con la forma de un elefante. Ganesha es el señor *(Isha)* de todos los seres existentes *(Gana)*. Cuenta la leyenda que, cuando se le encomendó correr alrededor de la Creación, Ganesha no pasó por la superficie de la Tierra, se limitó a caminar *por dentro*, alrededor de Shiva y Parvati, su madre y su padre, quienes son la fuente y el centro de toda la existencia. He aquí la sabiduría secreta de Ganesha. Por lo regular, los obstáculos que encontramos soncomo recordatorios de que esa *caminata interna alrededor de la fuente* es el propósito de la vida, no la carrera externa. Los obstáculos se nos presentan para romper nuestro arrobo por la carrera y llevarnos humildemente de regreso a la fuente. Por lo regular son removidos cuando nuestro más hondo sentido se ha restaurado.

Es importante darnos cuenta de que Ganesha es un Dios de la sabiduría encarnada que conoce la vida de los obstáculos, dado que es su guardián. Es dios porque ha vivido todo lo que el mundo puede ofrecer, no porque lo haya trascendido. Por lo regular, sostiene en su mano derecha uno de sus colmillos, que rompió en un arranque de ira para arrojarlo a la luna. Pero la luna lo escupió de vuelta a la Tierra y por eso Ganesha lleva esa pieza rota de sí mismo, como recordatorio de que nadie puede escapar al viaje terrenal.

Por lo común, al vivir lo que el mundo nos ofrece, nos cruzamos con nuestro propio camino, aferrándonos neciamente a nuestro colmillo roto: necios en cuanto a lo que queremos, nuestra forma de ver las cosas, nuestra aproximación a ellas y nuestra respuesta a los acontecimientos. Y lo mismo sucede con la vida de los obstáculos, o lo que nosotros percibimos como tales, pues llegan de pronto para romper nuestra mirada única y regresarnos a lo importante. Otro nombre para Ganesha podría ser El Tiempo de Dios, ya que por su conducto se nos hace lo suficientemente humildes para darnos cuenta, una y otra vez, de que no somos el centro sino parte del centro. Estas historias hablan de la vida de los obstáculos que conjuramos o encontramos en nuestro camino.

Una guía para escalar en roca

Algo hace que yo quiera subir a esta roca, y es semejante a lo que a veces me hace meterme en el tránsito o recargarme en el barandal, a treinta pisos de altura. No se dice mucho. No me resisto. Levanto los hombros y él ata la cuerda cómodamente a mi cintura: "Cuando dé un tirón, empújate y camina por su espalda."

Lo veo escalar la cara de la roca con ritmo perfecto, sin cuerda alguna. Jala y comienzo a meter y sacar mis pies entre las grietas, tratando de aferrarme a las pequeñas salientes angulosas. Forzando piernas y dedos hago pruebas y extiendo mis manos preguntándome: *¿Resistirá la cuerda si caigo? ¿Me partirá en dos la cuerda, justo bajo la última costilla?*

No encuentro dónde apoyar el pie y tiemblo como un suicida arrepentido que se estremece en el último piso. "Empuja." Él está lejos. "Empuja." Tiemblo y me quedo mirando al pedazo de roca que luego de años será gastado por el viento. Me congelo. Mis uñas no se mueven. He perdido la sensibilidad hasta los nudillos.

Sólo veo pequeñas protuberancias y esta roca con forma de mano que, atrofiada, guía mi muñeca temerosa. El alma se me agolpa en la punta de los dedos, y dejarme ir, resbalar, la llenaría de fugas, como si fuera una manguera perforada. Mis pies se debaten. Caigo y me agarro de una masa de roca demasiado grande para ser abrazada.

Estoy adherido a la piedra, soy vulnerable. Surge un miedo eléctrico que hace que me pegue aún más a la roca. Avanzo unos metros y luego el chasquido, el tirón y la sensación de ser un perro muerto al que recién han disparado y está atado a una correa. Me abrazo fuerte. Mi mejilla presiona contra la piedra. Ésta se entibia gracias a mi aliento. Tengo siete u ocho años. Una pelota de beisbol me ha pegado entre las piernas. Caigo. Mi mejilla presiona contra el asfalto. Escucho pasos y puertas que se abren.

Pero la cara de la roca es empinada y acabo de perder mi alma gracias a mi mejilla raspada. Pienso que voy a perder el equilibrio. Las palmas de mis manos se tornan más planas aún al aferrarse a la roca cual si buscaran escritura braille fosilizada y allí, justo encima de mí, veo la misma saliente de roca de la que antes me solté. Parece estar más lejos, pero me estiro y me estiro hasta parecer un fresco que respira adosado a la piedra, una figura desnuda pegada a una pared sin otra cosa por hacer que tratar de alcanzar.

Para responder en tu diario

- *Describe una ocasión en que fuiste derribado —física, emocional o espiritualmente—, una situación en que la única forma de proceder era volver y enfrentar a la misma persona, situación o fuerza que te había derribado en un principio. ¿Cómo te afectó esta experiencia?*

Preguntas para la sobremesa

Para ser formuladas a los amigos y seres queridos durante la cena o la hora del café. Procuren escuchar la respuesta de cada persona antes de la discusión:

- *Describe un momento en que el temor te obligó a aferrarte cuando necesitabas dejarte ir.*
- *¿Qué significa decir que el lugar en que caemos y volvemos a intentar las cosas es una especie de escritura braille?*

Una meditación

- *Cierra los ojos y, mientras respiras, considera qué tan conectado estás con tu interior y tu exterior.*
- *Párate lentamente y vuelve a sentarte varias veces. Considera qué tan conectado estás con el arriba y el abajo.*
- *Siéntate en calma una vez más y, mientras respiras, fíjate en cómo tu pecho sube y baja alrededor del mismo aire.*
- *Abre los ojos y, mientras respiras lentamente, considera cuán conectados están el éxito y el fracaso mientras suben y bajan alrededor de la misma corriente existencial.*

Ahimsikha y Angulimala

Ahimsikha era un estudiante muy talentoso y de buen corazón que prometía mucho. Su nombre significaba "el inofensivo". Sus compañeros estudiantes tenían la corazonada de que algún día se convertiría en un gran brahmán. El maestro nunca dijo nada a Ahimsikha, pero le quedaba claro que este ser precoz y gentil era un alma vieja, uno de esos estudiantes que sólo se tienen una vez en la vida. Todos los demás alumnos veían a las claras lo mucho que su maestro quería al inofensivo.

Cerca del final de un entrenamiento espiritual, los compañeros de Ahimsikha, por pura envidia, corrieron el rumor de que el joven se reunía en privado con la joven esposa del maestro. Esto resultaba irrisorio, tanto como acusar a un cisne de ser una zorra. Nadie tomó esto en serio, al principio. Pero cuando el maestro vio que Ahimsikha ayudaba a su esposa a cruzar un charco, comenzó a tener dudas. Combatió ese pensamiento errante de inmediato; así de fuerte era el amor que le inspiraba su principal estudiante. Sin embargo, durante la época de frío, el maestro sintió que su esposa estaba más distante de lo normal, y así comenzó a tejer una historia oscura.

Llegada la primavera, el maestro no lograba ya librarse de la imagen de su esposa disfrutando con Ahimsikha, una cercanía que el maestro mismo deseaba en secreto. Este pensamiento oscuro lo poseyó y se olvidó hasta de sí mismo. En verano, su mente estaba repleta de gusanos oscuros. Y así, para deshacerse de Ahimsikha, llamó a su estudiante especial con la intención de encomendarle una nueva tarea.

Cuando entró el inofensivo, el maestro dijo: "Hay otra tarea que debes cumplir para ser libre espiritualmente." Ahimsikha hizo una reverencia y esperó las instrucciones. Tras una larga pausa, el maestro continuó: "Debes matar a mil seres." Ahimsikha quedó estupefacto: "Pero maestro, ni siquiera podría matar a uno." "Nada importa. Deberás matar mil seres antes de liberarte de todo sufrimiento." El alma gentil del joven entró en confusión. Cada fibra de su ser sabía que eso estaba mal. ¿Por qué le asignaría su venerable maestro semejante tarea? ¿Se trataba de descubrir alguna enseñanza esencial que él, siendo novicio, no lograba entrever? Deseaba profundamente demostrar su valía. Agonizó pensando en esta horrible encomienda. Pensaba en todos los años de entrenamiento que había requerido para llegar adonde estaba. ¿Se trataba de una prueba? Con gran dificultad, se sometió a la demanda de su maestro.

Al día siguiente, Ahimsikha se fue llevando consigo cuchillos, espadas, arcos y flechas. Primero encontró a un viejo mendigo medio dormido a la orilla del camino. Apenas podía tolerar la idea, pero apaleó al mendigo mientras dormía. Se apresuró a asesinar a otro para no dudar. En semanas, había matado a muchos. La repulsión disminuía con cada asesinato. Curiosamente, ya casi no sentía rechazo, ira o tristeza. No había horror ni emoción. Al segundo mes, había perdido la cuenta de sus homicidios y comenzó a quedarse con un hueso de los dedos de las personas que mataba. Ensartó las falanges en un cordel. Poco después de esto, olvidó su nombre. Pronto llegó a ser conocido como Angulimala, que significa "guirnalda de huesos".

El rumor se extendió rápidamente, como cuando una plaga barre con el campo. Cuidado: hay un estudiante desalmado que te matará sin decir palabra. En su desesperación, la madre de Ahimsikha buscó a Buda y le imploró que salvara a su hijo. Buda tocó su frente con el pulgar y la mandó de vuelta a casa. Entonces, Buda mismo recorrió el camino en que Angulimala asesinaba a los viajeros.

Cuando Buda caminaba lentamente por el sendero, Angulimala lo vio venir y pensó que se trataba de una víctima más que lo acercaría a su millar. Se agazapó como un tigre, esperó a que Buda pasara y luego saltó presuroso en pos del iluminado. Pero Buda no volteó ni apresuró la marcha. Siguió caminando lentamente. Angulimala gritó: "¡Más te vale correr, extraño! ¡Estos son tus últimos momentos!"

Sin volverse, Buda mantuvo la calma. Misteriosamente, mientras más perseguía Angulimala a Buda, más se percataba de que no iba a parte alguna. De hecho, sus armas comenzaban a sentirse demasiado pesadas para transportarlas. Pero Angulimala, como un gran felino excitado por el olor de la sangre, siguió intentando levantar sus armas para atacar al extraño viajero. Finalmente, Angulimala quedó exhausto. Sudaba. Buda se volvió. Se confrontaron y Buda, después de un largo silencio, dijo: "Me he detenido y tú no lo has hecho."

Angulimala quedó paralizado en ese momento. Respirando pesadamente, gruñó: "Dices que te has detenido, mas sigues andando. Dices que yo sigo andando y, sin embargo, no puedo moverme. ¿Qué has hecho?" Sin responder, Buda se aproximó bastante al rostro de Angulimala y lo llamó por su nombre original: "Ahimsikha, ¿a dónde te has ido?"

Al escuchar su verdadero nombre, Angulimala dejó caer su guirnalda de falanges y se miró las manos. Estaban hinchadas y ensangrentadas. Comenzó a recordar quién era y todo lo que había hecho. Cayó de rodillas, avergonzado y disgustado. Entonces Buda le tocó la frente con el pulgar y preguntó: "Ahimsikha: ¿estás listo para dar tu vida a cambio de todo el daño que has hecho?"

Y Ahimsikha, doliente al despertar en ese cuerpo de asesino, se dolió aún más al enterarse de toda la desdicha que había causado. Lloró y luego respondió: "Sí y mil veces sí." Pidió a Buda que llamara a las autoridades, se quedaría quieto y no se resistiría. Pero Buda caminó alrededor de Ahimsikha y continuó: "Siempre hay tiempo suficiente para morir." Después tomó al hombre por la barbilla y le levantó el rostro: "¿Estás dispuesto a reclamar tu vida de vuelta enfrentando todo el daño que has causado?" Ahimsikha no pudo hablar. Se limitó a asentir, lloró una y otra vez. En ese momento, Buda le susurró al oído: "Entonces ten paciencia, Ahimsikha. Sé paciente y espera."

Con el corazón y las manos inflamadas, Ahimsikha volvió al principio. Siguió a Buda y se hizo monje. Bajo la protección de Buda, el arrepentido Ahimsikha descubrió que tenía el don de aliviar el dolor de parto. Con el tiempo, las embarazadas eran llevadas ante él desde todos los confines. Y con la misma rapidez con que corrió la voz de que Angulimala estaba matando en el camino, se corrió el rumor de que un sanador aliviaba el dolor de las parturientas. Más y más maridos llevaban a sus esposas sufrientes con el inofensivo que les enseñaba a calmar su dolor.

Pero Ahimsikha no sentía nada bueno ni satisfactorio, ni siquiera su propia tristeza o el alivio de su dolor. No podía escuchar los agradecimientos de la gente. En vez de ello, sólo podía sentir los golpes que había repartido siendo Angulimala. Lo seguían a todas partes. Esto fue como vivir una vida entera dentro de otra vida, hasta que Ahimsikha fue con Buda y preguntó: "¿Qué he de hacer? No puedo resistir el dolor. Quiero morir." Y Buda tomó al inofensivo en sus brazos y lo arrulló al tiempo que susurraba: "Espera. Debes sentir mil muertes y mil nacimientos permitiendo que te vacíen." Ahimsikha sollozó en sus brazos y Buda lo sostuvo en silencio hasta que el sol se ocultó. Cuando Ahimsikha ya no tenía lágrimas, Buda dijo: "Cuando logres sentir el primer llanto y el último llanto como si fueran uno y el mismo, entonces recibirás la paz."

Ahimsikha tuvo que vivir así por años, aliviando durante el día el dolor de las parturientas y asimilando por la noche las heridas que había infligido siendo Angulimala. Pasaron mil días y sus noches. Ahora, sus compañeros estudiantes habían crecido y se habían mudado. Algunos incluso llevaron a sus mujeres en labor de parto sin saber que se trataba de su antiguo compañero. Su antiguo maestro había muerto. Ahora se preguntaba si alguna vez había sido Ahimsikha o Angulimala, o algún otro espíritu vacilante que esperaba para dar vida a ambos.

Los años pasaron, pero eso no hizo que las familias de los asesinados olvidaran la crueldad de Angulimala. Por otro lado, las familias de quienes había ayudado a llegar al mundo, no olvidaban la amabilidad de Ahimsikha. Y así, en la mañana del día 1001, él exhaló al fin y comenzó a llover. El silencio era bello. Por fin Ahimsikha escuchaba la nada. Las lágrimas comenzaron a fluir y aceptó todo el bien y todo el mal que había hecho. Y cuando su enorme corazón se rompió en silencio, se enroscó como una raíz y murió.

Para responder en tu diario

- *Describe un momento en que hayas olvidado tu verdadero ser o en el que te hayas entregado. ¿Cómo lograste redescubrirte?*
- *En tu vida actual, ¿qué cosa no has logrado detener? ¿Qué necesitas cambiar para que se detenga eso que asesina tu energía? Escribe dicha conversación contigo mismo.*

Preguntas para la sobremesa

Para ser formuladas a los amigos y seres queridos durante la cena o la hora del café. Procuren escuchar la respuesta de cada persona antes de la discusión:

- *¿Quién es responsable de lo que sucede a Ahimsikha?*
- *¿Conoces a alguien que haya ayudado y que también haya hecho daño?*
- *¿Qué es lo peor que has hecho y lo más útil? ¿Cómo te definen estos actos?*

Una meditación

- *Conforme respiras lentamente, considera algo dañino que hayas hecho a alguien, sea algo grave o un asunto menor. Permítete sentir el impacto de este acto.*
- *Mientras respiras profundamente, considera un bien que hayas hecho por alguien, grande o pequeño. Permítete sentir el impacto de esa acción.*
- *Inhala y exhala lentamente; permite que se vayan tanto el daño como el bien hechos, y simplemente siente al ser innominado que, respondiendo a tu nombre, es capaz de hacer tanto el bien como el mal.*

LOS AGUJEROS DE UNA FLAUTA

Durante buena parte de su vida, una bella y virtuosa mujer había probado su suerte en el amor, pero sólo había logrado ser lastimada en muchas ocasiones. A fin de cuentas, su entusiasmo amoroso se oscureció y ya sólo sentía las muchas heridas. Esto hacía que fuera por la vida cargando un gran peso.

Un día, casi a fines del verano, se encontró con un sabio. El hombre dio la impresión de aparecerse de la nada. Aunque también parecía devorado por la vida, tenía una suerte de resplandor, una sonrisa que ella no pudo comprender. De hecho, la luz que proyectaba el hombre resultaba dolorosa, pues sólo acentuaba la incapacidad de ella para sonreír y brillar. Trató de alejarse de él, pero de algún modo siempre la alcanzaba.

Él levantó la vista y la saludó. Nada dijo ella. Se miraron y, en esta mirada, el sabio pudo ver cuán lastimada estaba. Él dijo: "¿Por qué no nos sentamos un rato?" Y la bella mujer, con tantas virtudes como heridas, más que sentarse se colapsó.

Compartieron un poco de pan y agua. Habiendo comido juntos, el sabio comenzó a hablar: "Es un hecho que, sin agujeros, una flauta no puede producir música."

Ella respondió: "¿Por qué me hablas de flautas?"

El sabio continuó: "Cada ser sobre la Tierra es como una flauta, y cada uno de nosotros produce un canto cuando el Espíritu pasa por los agujeros de nuestras experiencias."

La bella y herida mujer se encogió de hombros: "Estoy cansada de la experiencia."

El sabio continuó entre risas: "Te guste o no, éste es uno de los propósitos del sufrimiento."

Ella tomó su mano violentamente y la puso en su corazón: "¡Aquí! ¿Puedes sentir mi sufrimiento?"

La sonrisa del viejo se suavizó y parecía aún más radiante: "¡Oh, mi niña! Viniste a mí para esto. Déjame asegurarte que, dado que no existen dos flautas que tengan los mismos agujeros, no existen dos flautas que puedan producir la misma música."

Ella empezó a temblar.

Él se acercó con su luz: "Y no existen dos seres que puedan cantar la misma canción, dado que los agujeros de cada vida producen su propia melodía irrepetible."

Ella apretó la dulce mano del hombre contra su corazón y comenzó a llorar.

Él trató de consolarla: "Eres irrepetible."

Parecía que las lágrimas brotaban de todas sus heridas.

Él tomó su rostro entre las manos: "Todo esto es para hacerte entender que a cada uno de nosotros nos espera una elección cada día: debemos elegir si nos dedicamos a hacer agujeros en los demás sólo porque eso nos ha sucedido a nosotros, o dejamos que el Espíritu haga sonar su canción por medio de nuestra experiencia, permitiéndonos escuchar la música milagrosa que proviene de los demás."

Ella lo miró a través de las lágrimas. Ahora podía sentir su gentileza. Él simplemente se encogió de hombros con humildad y buscó los misterios mirando al cielo: "Mi niña: somos horadados y lloramos para cantar."

Ella se frotó los ojos y respiró hondo. Cuando volvió a mirar, él había desaparecido.

Para responder en tu diario

- *Si fueras un instrumento, ¿cuál serías? Ahora imagina un mito de origen: ¿cómo fuiste fabricado y cómo ha sido tu vida de instrumento musical hasta este momento?*

Preguntas para la sobremesa

Para ser formuladas a los amigos y seres queridos durante la cena o la hora del café. Procuren escuchar la respuesta de cada persona antes de la discusión:

- *Cuenta la historia de un agujero que la vida haya hecho en ti y, de ser posible, habla de la música o lección que resuena a través de ti.*

Una meditación

Si puedes, medita mientras escuchas música de flauta.

- *Al escuchar, trata de respirar al ritmo de la música.*
- *Conforme respiras, deja que la música se mueva en tu ser.*
- *Al respirar, siente, de ser posible, la música de tu espíritu que se mueve por los agujeros labrados por tu experiencia.*
- *Cuando la música termine, respira el silencio y simplemente siente cómo la vida te ha abierto durante el proceso.*

EL GRAN DESPERTAR

Mientras mentía, sintió el impulso de decir la verdad. La sensación fue parecida a una oleada de calor que se concentraba detrás de sus ojos, y sólo cuando decía la verdad retornaba el impulso. Esta vez, mientras dormía, el impulso lo obligó a despertar. Extrañamente, durante el día, cuando no se preocupaba por las cosas, el impulso parecía decir: "El que no te importen las cosas es como estar dormido; ahora debes despertar." En ese momento dudó. Tenía miedo de preocuparse de manera genuina. El impulso permaneció silencioso hasta que una mujer cayó en el camión y él le sostuvo la cabeza sangrante mientras llegaba ayuda. Cuando la ambulancia se llevó a la herida, él no era capaz de cerrar su mano ensangrentada. No pudo cerrarla durante todo el regreso a casa. Cuando lavó sus manos, la sangre que se perdía en el lavabo parecía decir: "Preocuparse por algo o alguien es sangrar." Al día siguiente se fijó en la mirada de los extraños y, en una reunión de trabajo, dijo lo que pensaba.

Ahora, él llamaba "voz" al impulso, y sólo llegaba cuando estaba despierto. Se presentaba cuando lo embargaba una preocupación repentina. Afuera de un restaurante, unos adolescentes molestaban a una inválida. La voz decía: "Abrázala." Él alejaba a los muchachos y seguía su camino. En el bosque, la voz adoptaba la forma de un rayo de sol que se estrellaba contra un olmo gigante. La voz dijo: "Sube al olmo." Él prefirió sentir el viento que pasaba por su cabello. Cuando su esposa dormía junto a él, la voz dijo: "Comprende el dolor."

La observó toda la noche tocando su cabello con un dedo apenas.

Llegado este momento, ya estimulaba a la voz y la consideraba su espíritu. Cuando se sentía vacío y confuso, el espíritu se agolpaba detrás de sus ojos y decía: "Nunca debes fingir." Cuando estaba a solas, el espíritu latía en su corazón y decía: "Debes abrazar todo." Cuando sentía miedo de la muerte, su espíritu entraba y salía de sus pulmones lentamente y, disfrazándose de aliento, decía: "A nada debes aferrarte como te aferras a mí." Cuando deseaba ser libre, el espíritu se le agolpaba en la garganta y, disfrazado de sus ganas de llorar, decía: "Debes dejar de lado todos los secretos." Pero parecía peligroso no tener secretos y se sentía tonto al ser siempre veraz, por lo que cada vez que extendía la mano, era lastimado y se quedaba sin nada.

Vivió así durante años y su espíritu se volvió silencioso. Entonces murió su esposa y el espíritu retornó como una tormenta de dolor que golpeaba su mente. Deseaba correr, pero el espíritu acababa con su voluntad de movimiento. Quería morir, pero el espíritu aniquilaba su voluntad de muerte. Quería llorar y el espíritu abrió los poros de su alma y el río que hasta entonces estuviera contenido lavó el lodo de sus secretos, el polvo del engaño, el cieno de su simulación. Se quedó sin nada.

Y entonces su espíritu murmuró: "Acepta esta nada." Y él, roto como estaba, abrazó el árbol y encontró ahí a su espíritu. Lleno de nada, abrazó su propia muerte y ella dejó de perseguirlo. Él, siendo libre, permaneció como flotando en el momento y su espíritu siempre estuvo ahí. Drenado ya de cualquiera de sus temores, el espíritu susurró: "Estoy en todo lugar." Y él rió pensando que su corazón estaba en el pecho de un extraño o en el tronco de un árbol, pero pronto se sintió humilde al darse cuenta de que hasta el pescado en su plato y la inválida vivían también en su interior. Y deseó con todo el dolor de su corazón que se abriera una montaña de la que surgiera su esposa, para estar con ella. Y el espíritu dijo: "Estoy en todo lugar." Y él lloró, porque su esposa estaba en todas partes y en ninguna. Abrazó el silencio creyendo que era ella. Y el espíritu dijo: "Sigue adelante y despójate de toda intención." Y emprendió así los días que le quedaban, armado solamente con amor, únicamente amor.

Para responder en tu diario

- *En la historia, el espíritu ordena al hombre que deje de fingir, que deje a un lado los secretos y abrace todo. Como humanos, todos luchamos con estos asuntos. Describe si en este viaje tuyo hay falsedad, secretos, y si fuiste capaz de abrazar todo.*
- *Desde tu punto de vista, ¿cuál es el gran despertar?*

Preguntas para la sobremesa

Para ser formuladas a los amigos y seres queridos durante la cena o la hora del café. Procuren escuchar la respuesta de cada persona antes de la discusión:

- *¿Qué nos dice esta historia sobre la naturaleza del crecimiento espiritual?*
- *Al final de la historia, el espíritu dice: "Sigue adelante y despójate de toda intención", ante lo cual el hombre vive el resto de sus días valiéndose sólo del amor. De acuerdo con tu propia experiencia de vida, ¿qué significa esto?*

Una meditación

- *Cierra los ojos y piensa en algún asunto menudo que te haya ocupado recientemente. Puede tratarse de un ave que viste de camino al trabajo, o del principio de una canción que escuchaste justo cuando apagabas el auto antes de bajarte. O tal vez se trate de la sonrisa de un amigo, la cual te inspiró una pregunta que no formulaste.*

- *Respira lentamente, poniendo atención al inhalar, y considera si este asunto sin importancia puede constituir un hilo que, al ser jalado, podría llevarte a una mejor disposición espiritual.*
- *Respira profundamente poniendo atención en tu exhalación, y visualiza seguir al ave que no seguiste, o escuchar el resto de la canción que no escuchaste, o visualízate sosteniendo la conversación que jamás tuviste con tu amigo por no preguntar.*
- *Abre los ojos y entra a tu día listo para seguir el siguiente suceso menudo que te llame.*

El puente y el elefante

En el sueño, yo trabajaba duro para terminar el puente que cruzaba un río de caudal poderoso. Parecía importante llegar a mi destino, aunque no podía exponer con palabras cuál era ese lugar.

Al terminar el arco del puente, un elefante se apareció en el agua. Estaba en medio del caudal. Cuando llegó justo bajo mi puente inacabado, se detuvo a echarse agua con la trompa. Luego me miró.

De pronto, el brillo del agua sobre su lomo me llevó a preguntarme por qué construía un puente. Me pregunté si el territorio al que iba debía ser explorado. Me pregunté: si entro en el agua en lugar de cruzarla, ¿tendré una idea diferente de mi destino?

En los días transcurridos a partir del sueño, la imagen del elefante bajo el puente inacabado me ha hecho considerar los obstáculos de manera distinta. Ahora, cuando me enfrento a cosas que no entiendo, recuerdo al elefante que se ducha en medio de lo que yo pretendía cruzar y me pregunto: "¿Lo que se me atraviesa ha de ser cruzado o debo entrar en ello? Si se trata de una dificultad que involucra al amor o al temor, ¿a dónde me llevará si la cruzo? ¿Y, a dónde llegaré si quedo inmerso? A cada momento, me descubro sintiendo la necesidad de saber: ¿Qué debo enfrentar, qué debo cruzar por encima? ¿Y cuándo cruzar o sumergirme son una misma cosa?

Para responder en tu diario

- *Describe algún obstáculo actual en tu vida. Considera si se trata de algo que debes cruzar o en que debes adentrarte.*
- *¿A dónde puede conducirte cruzar este obstáculo?*
- *¿A dónde llegarías si te internas en él?*

Preguntas para la sobremesa

Para ser formuladas a los amigos y seres queridos durante la cena o la hora del café. Procuren escuchar la respuesta de cada persona antes de la discusión:

- *Cuenta la historia de algún tipo de puente que hayas ayudado a construir.*
- *¿Cómo sé si es necesario ese puente?*
- *¿Has cruzado lo que el puente debe cruzar?*
- *¿Cambió en algo tu vida después de la construcción de ese puente?*

Una meditación

- *Siéntate tranquilo y, mientras respiras, permítete sentir tu alma como si fuera un puente que puede extenderse sobre cualquier cosa.*
- *Al respirar profundamente, siente en qué lugar está el puente de tu interior, en espera de ser útil.*
- *Exhala lentamente.*
- *De nuevo, siéntate tranquilo y, conforme respiras, permítete sentir tu alma como si fuera un elefante que puede adentrarse en cualquier parte.*
- *Mientras respiras profundamente, siente en dónde reside el elefante de tu interior, en espera de ser útil.*
- *Exhala lentamente y entra en tu día con paciencia para discernir lo que necesitarás en esa jornada: puente o elefante.*

Abe y Phil

Abe Greer tenía 84 años. Había perdido a su esposa, Helen, casi diez años atrás debido a un enfisema. De mala gana, se mudó a la zona de San Francisco para estar cerca de sus hijos, Phil y Rachel, la primogénita. Trabajaba como enfermera en el Centro Médico Pacífica. Y Phil... Phil era una desilusión. Abe quería que su hijo fuera arquitecto. Pensaba que era una noble profesión, donde coincidían la funcionalidad y la belleza. Pensaba que era arte útil, y el principal fracaso de su vida consistía en no haber tenido aptitud para ser arquitecto él mismo. No podía comprender cómo su hijo optó por ser reportero.

Cuando Phil se graduó en la Universidad Estatal de San Francisco, regresó a Brooklyn para reunir sus cosas y avisar a sus padres que viviría en la costa oeste. Le gustaba ese lugar. La noche anterior a su partida, se abrió de nuevo el abismo entre padre e hijo. Sucedió durante la cena. Siempre ocurría durante la cena. Abe untaba mantequilla en un pan y dijo: "¿Así que tienes trabajo?" Phil miró rápidamente a su madre, como diciendo: "Ahí vamos de nuevo." Helen respondió por su hijo: "Acaba de graduarse, Abe. Dale algo de tiempo." "Yo sólo pregunto." Puso el cuchillo sobre su plato de mala gana: "¿Qué clase de vida llevan los reporteros? Todo el tiempo vigilan. ¿Vale la pena vivir así, vigilando todo el tiempo?" Habían tenido esa conversación varias veces y esto sólo hacía que Phil se sintiera más solo e incomprendido.

De modo que, cuando murió Helen, Rachel le reprochó a Phil: "No podemos dejarlo ahí solo." "¿Por qué no?" "Vamos, Phil." "Bueno, pero no puede quedarse conmigo. Nos mataríamos. Lo sabes." Rachel había heredado el papel de su madre como pacificadora: "Lo sé. Puede quedarse conmigo. Sólo te pido que ayudes cuando puedas. Sé que ha sido duro contigo. Él no…" Phil no estaba dispuesto a escuchar. "Ya está bien. No lo justifiques. Es tan egoísta que una sola vida no le basta. Siempre he tenido que vivir la vida que él quiere. Pues bien: hasta aquí llegué. No le deseo mal alguno, pero ya no puedo más. ¿Comprendes?"

Rachel se había casado con John, cardiólogo, y tenían un niño muy dulce, Kevin, quien, con el paso del tiempo, mostraría una vena de terquedad que Phil reconoció de inmediato como herencia genética del abuelo. Así, Abe vivió con Rachel, John y Kevin. Abe tenía suerte de que su hija fuera enfermera. Desde la llegada de la senilidad, él repartía su tiempo entre la casa de Rachel y la unidad geriátrica del hospital Pacífica.

Conforme se acumulaban las tensiones internas de Phil, mostraba menos paciencia con la naturaleza impositiva de su padre, que a veces era brutal e impredecible. Ese día, Abe vivía un episodio particularmente negativo. Rachel llamó a Phil y le pidió que pasara por el hospital. Se encontró con él afuera del cuarto de su padre: "Ha estado pidiendo verte. Ya sabes cómo es." Ella suspiró: "Sólo mantente tranquilo y no te dejes sorprender." Podían escuchar a su padre reclamando desde la cama: "¿Dónde está Phil? ¡Quiero ver a mi hijo!" Phil hizo un gesto de disgusto y trató de hacer acopio de paciencia. Rachel lo besó y dijo: "Vamos. Te acompaño."

"¿En dónde está Phil? ¡Quiero ver a mi hijo!" Phil se sorprendió al notar lo frágil que lucía su padre en esa cama. El escaso cabello le nacía zigzagueante de la cabeza, ya casi calva. Se le notaba demacrado, por lo que sus ojos destacaban. Parecía un loco. Rachel se acercó a un costado de la cama y Phil caminó tranquilamente hasta el otro. Se inclinó y dijo: "Aquí estoy, papá." Abe le clavó una mirada vacía. Phil tomó ambas manos del padre y lo miró también: "Soy tu hijo."

El padre miró a su hija y refunfuñó despectivo: "¿Quién es éste? ¡Quiero ver a Phil! Aunque conocía el mal de su padre, esto hirió sobremanera a Phil. Para él, este desplante no era la voz del Alzheimer, sino la revelación de lo que él había significado para su padre durante años. Sin embargo, Phil insistió. Sacó de su cartera una vieja fotografía en que aparecían ambos y se la mostró a Abe antes de confirmar: "¿Ves, papá? Soy yo, tu hijo."

El padre tomó la foto y escudriñó el parecido. Por un segundo, pareció que el rostro adusto se suavizaba. Phil trató de aprovechar el hecho: "Soy tu hijo. ¿Ves?" Pero Abe endureció la mirada y ladró: "¡Lo sé! ¡Quiero ver a Phil! ¿En dónde está el verdadero Phil?" Esto hizo que Rachel diera por terminada la visita: "¿Por qué no descansas un poco ahora?" "¡No quiero descansar! ¡Quiero al verdadero Phil!" Abe gritaba cada vez más fuerte y Rachel pidió discretamente un sedante a otra enfermera.

De vuelta en el pasillo, Rachel trató de consolar a Phil: "Lo siento. No sabe que…" Phil alzó la mano: "No sigas. Ambos sabemos que hablaba en serio." Se abrazaron. Rachel jaló suavemente la manga de su hermano cuando éste se volvía para retirarse: "Escucha, te quiero." Phil se acercó al oído de su hermana gentilmente y murmuró: "Lo sé."

El momento recién vivido acabó con la autoestima de Phil. No dejaba de escuchar la voz de su padre gritando locamente: "¿Dónde está el verdadero Phil?" No podía olvidar esta frase. Lo atemorizaba y lo dejaba exhausto. Se ponía a caminar por las calles durante horas, odiando a su padre y deseando lo que nunca habían tenido. Finalmente, se encontró a su amigo Ephraim en su bar favorito. Ephraim señaló el asiento vacío que estaba junto al suyo y dijo: "Te ves muy mal."

Hablaron del asunto y, aunque sintió algo de alivio al estar ahí conversando con su mejor amigo, no podía librarse de una inquietud creciente. Ahora sentía el rumor del miedo en el pecho. Incluso mientras conversaban, a pesar de que se sentía comprendido por Ephraim, quien confirmaba a todas luces la crueldad de la situación, Phil estaba obsesionado por el hecho de estar ahí sentado en la barra. Lo había hecho cientos de veces, pero ahora sólo podía preguntarse si en realidad era quien creía ser: un tipo sentado en una barra. El ladrido de su padre se adueñaba de su percepción. Comenzaba a odiarse.

Cuando muchas cosas se revelan a la vez, se trata de una señal de los dioses. Es más que una tragedia. Estamos ante el principio del reordenamiento de la vida. Esto es lo que Ephraim había leído esa mañana en un libro sobre los sabios de la India. Y he aquí que su amigo estaba siendo reordenado.

Ephraim pensó en decirle todo esto, pero sabía que Phil no sería capaz de aceptarlo, precisamente porque lo estaba experimentando. Así que sólo escuchó e hizo más preguntas. Phil habló de su madre y su hermana, del hecho de crecer y del rudo e implacable inmigrante Abe.

Phil hizo una pausa y clavó la mirada en sus pies mientras Ephraim lo veía. Éste trataba de imaginar la escena que Phil llevaba dentro: estaba tenso de angustia. Se sentía como un completo fracaso y, a través de la neblina de la cerveza, miro en torno suyo y, por un momento, no encontró la puerta. Esto lo hizo entrar en pánico: "¡Ephraim! ¿En dónde está la puerta? ¡No encuentro la salida! ¿Dónde está la puerta?"

Para responder en tu diario

- *¿Existe una voz que ocupe demasiado espacio en tu cabeza? ¿A quién pertenece? ¿Qué te dice sobre ti mismo y sobre el mundo?*
- *Emprende un diálogo imaginario entre tu verdadero yo y esta voz dominante, con la intención de acallar esta última voz para que la tuya pueda escucharse.*

Preguntas para la sobremesa

Para ser formuladas a los amigos y seres queridos durante la cena o la hora del café. Procuren escuchar la respuesta de cada persona antes de la discusión:

- *Describe un momento en que fuiste alentado o presionado para ser algo que no eres y cómo te afectó.*
- *Conforme vivimos más y más, las presiones derivadas de cuidar a los mayores se tornan cada vez más pesadas. Discute la paradoja de cuidar a alguien que ya no puede valerse por sí mismo y la necesidad de vivir tu propia vida.*

Una meditación

- *Siéntate frente a un espejo y respira consistentemente con los ojos abiertos.*
- *Permite que tu aliento te lleve a un lugar de rendición.*
- *Inhala lentamente, imagínate por un momento que no eres capaz de cuidarte solo.*
- *Exhala silenciosamente y siente la vulnerabilidad de tal momento y tu necesidad de que los otros sean amables contigo.*
- *Cierra los ojos y regresa a tu yo actual.*
- *Inhala con calma y abre los ojos frente al espejo para ver tu verdadera fortaleza.*
- *Permite que tu aliento te lleve a un lugar de adaptación y compasión.*
- *Exhala lentamente y siente tu capacidad de cuidar a alguien que no seas tú en ese momento.*
- *Vuelve a cerrar los ojos y, con cada inhalación, siente la parte de ti que necesita ser cuidada. En cada exhalación, siente la parte de ti que puede cuidar de otros.*
- *Abre los ojos y mira al espejo sabiendo que así tomamos turnos en esta vida terrenal: necesitamos cuidados y luego cuidamos, nos rendimos y somos flexibles.*
- *Permite que tu aliento te lleve a la sabiduría de esta compasión infinita, de la cual eres sólo una pequeña parte.*

En el espejo

El hombre callado y preocupado siguió rasurándose mientras su alma le murmuraba entre líneas:

Amarte a ti mismo es como alimentar a un pájaro translúcido que nadie ve.

Al usar la navaja, sintió un jalón y se preguntó si estaría perdiendo filo.

Debes permanecer quieto y ofrecer tu puñado de secretos como si fueran una semilla delicada.

Siguió rasurándose y puso la navaja bajo el grifo para enjuagarla.

Mientras come tus secretos, que ya no lo serán, ella y tú estarán radiantes y su voz, que sólo tú puedes escuchar, será tu voz carente de planes.

El chorro de agua limpió la pequeña navaja.

Y la luz que pasa por su cuerpo te bañará hasta que te preguntes por qué las gemas de tus palmas estuvieron un tiempo en puños cerrados.

No esperaba emocionado el día en curso.

Otros pensarán que te has vuelto loco esperando algo que nadie ve.

Distrayéndose de lo que hacía, se cortó la barbilla.

Pero el pájaro translúcido sólo quiere comer y volar y cantar.

"¡Maldito yo!", dijo.

Ella sólo quiere luz en su pancita.

La pequeña herida le dolió al presionar para poner un pedazo cuadrado de papel de baño en su barbilla.

Y muy de vez en cuando, si alguien te ama lo suficiente, podrían verla al elevarse del nido que está bajo tu miedo.

Para responder en tu diario

- *Describe una cosa que se interponga en tu forma de amarte a ti mismo. Cuenta la historia de este impedimento.*
- *Cuando el hombre preocupado se corta, dice: "¡Maldito yo!" Justo entonces su alma susurra que el pájaro translúcido de su interior "sólo quiere luz en su pancita". Empezando por estas líneas, imagina una conversación entre el "maldito yo" preocupado y el alma con "luz en su pancita". Escríbela en tu diario.*

Preguntas para la sobremesa

Para ser formuladas a los amigos y seres queridos durante la cena o la hora del café. Procuren escuchar la respuesta de cada persona antes de la discusión:

- *Nombra dos cosas que quieras o a las que aspires y encuentra cuál es el punto de origen que te llevó a anhelarlas.*
- *Cuando piensas en la fuente de tus planes y deseos, ¿qué aprendes sobre ti mismo?*

Una meditación

- *Siéntate frente al espejo y medita.*
- *Mientras respiras, mírate a ti mismo como si fueras una criatura sin nombre que anida en la naturaleza.*
- *Al respirar, siente tu verdadero yo, el que habita en el nido que tú representas.*

- *Cierra los ojos y siente tu verdadero ser en consonancia con tu ritmo cardiaco.*
- *Abre los ojos y siente tu propia presencia sin juzgarte.*
- *Durante el día, cuando te percates de tu ritmo cardiaco, siente cómo tu verdadero ser revolotea en tu interior.*

SERENIDAD

Una florecilla que crece en una piedra tiembla muy por encima de los caminos transitados. Su fragancia fluye por la costa, en donde una mujer joven piensa en suicidarse. Algo en la flor la hace levantar su deprimida cabeza por un momento, pero la fragancia se disipa y ella vuelve a hundirse en la tristeza, mirando las olas y preguntándose por qué. El aroma es percibido por una gaviota y se le enreda en las plumas. Esto hace que la gaviota vuele salvajemente atravesando la única nube, el blanco centro de la nada. Un viejo en un bote pesquero queda sorprendido por el raudo ascenso de la gaviota al cielo abierto. Lanza su red y, bajo la sombra del bote, el pez ángel enredado se libera retorciéndose.

Para responder en tu diario

- *Describe una etapa de tu vida en que un elemento de la naturaleza hizo que relajaras el control.*
- *Así como la flor puede nacer de la piedra, cuenta la historia de cómo algo frágil y fragante creció en un lugar duro de tu interior.*

Preguntas para la sobremesa

Para ser formuladas a los amigos y seres queridos durante la cena o la hora del café. Procuren escuchar la respuesta de cada persona antes de la discusión:

- *Cuenta la historia de algún momento en que fuiste testigo de cuán interrelacionadas están todas las cosas y cómo cada una impacta a la otra.*
- *¿Por qué crees que esta historia se llama Serenidad?*

Una meditación

- *Siéntate en silencio y reflexiona sobre qué tan relacionadas están todas las cosas.*
- *Respira hondo y reflexiona sobre cuántas cosas de la vida suceden simultáneamente.*
- *Al exhalar, manda tu amor como si fuera una ola invisible que parte de tu centro.*
- *En cada exhalación, imagina estas olas de amabilidad suavizando todo lo que tocan.*
- *Cada vez que respires, imagina a otros respirando; imagina todas las olas compasivas que relajan el embrollo de los seres vivos a pesar de no ver dónde ni cómo lo hacen.*

LA VASIJA DE WU WEI

El rey pidió al maestro alfarero que hiciera una vasija con una fuerte base y una boca delgada de la cual beber. Wu Wei había hecho muchas en su momento. Era una petición simple. Pidió permiso de observar al rey y a sus ministros para ver cómo usaban dichas vasijas. Así que Wu Wei asistió a un banquete en que fue testigo del uso intensivo y del maltrato al que sometían a las vasijas. Luego se puso a trabajar.

Dispuso el barro en su antiguo torno. Pero esta vasija se resistía a ser traída al mundo. No quedaba simétrica. Wu Wei tuvo que amasar el barro por mucho tiempo hasta rendirlo a sus manos. Una vez dispuesto, tenía que secar. El rey era impaciente y quería mostrar algo especial a su corte. Pero Wu Wei dijo que esta vasija debía ser secada a la leña durante muchos días para domar su forma.

El rey no entendía pero respetó los secretos profesionales de su alfarero. Wu Wei no quería hornear la pieza sola, por lo que la puso en una repisa en su almacén durante meses hasta que otros alfareros tuvieron suficiente material para hornear. Juntos encendieron al gigante dormido que era su horno. Durante una semana, día y noche, el fuego se alimentó constantemente y la vasija del rey esperó a nacer junto con cientos más. No tenía nada especial.

Se requirió una semana para que el horno se enfriara. Cuando lo abrieron, muchas vasijas y urnas estaban deformes y relumbraban. Cuando entregaron a Wu Wei la vasija del rey, ésta seguía tibia y las marcas en rojo intenso la hacían parecer perfecta. La boca de la vasija era tan delgada como una flama. Pero había una grieta en la base. Wu Wei, satisfecho y cansado, se fue a dormir.

Al día siguiente, llevó la bella y agrietada vasija al rey. De inmediato notó el rey el irrepetible colorido y el fino labio de la boca de la vasija. Entonces sintió la grieta de la parte inferior. La regresó: "¿Y te haces llamar maestro? ¡Esto no está terminado!" Wu Wei la volvió a poner en las manos del rey: "El fuego siempre tiene la última palabra, su alteza." El rey se sintió insultado y ordenó a Wu Wei que lo intentara otra vez.

Wu Wei hizo una reverencia y se retiró. En su camino de regreso, un niño pequeño quedó perplejo por el colorido de la vasija. Se arrodilló para revisarla y al mirarla a contraluz divisó el cielo a través de la grieta de la base. Wu Wei ayudó al niño a levantarse y le dio la vasija. Feliz, el niño corrió a casa y colgó la vasija agrietada del borde de su techo. Entretanto, Wu Wei comenzaba de nuevo.

Tardó varios meses. El maestro alfarero escogió otra bola de barro, que también se resistió a quedar bien centrada y simétrica. La dejaron reposar, le dieron forma, la arreglaron. La vasija esperó a las demás para despertar al gigante del horno una vez más. Así nació una nueva vasija. Ésta era todavía más colorida que la anterior, y hasta el labio era más fino. Pero en el fondo había otra grieta de gran tamaño. Wu Wei se sintió doblemente satisfecho mientras la dejaba enfriar.

Al día siguiente, llevó la segunda vasija agrietada al rey, quien estaba más ansioso que antes. Quedó admirado por su belleza al instante, pero al sostenerla sintió rápido la condenada grieta. Estrelló la vasija contra el suelo y despidió a Wu Wei.

Esa noche, mientras Wu Wei soñaba con flamas que agrietaban el cielo, el rey soñó que volvía a ser niño. Y siendo niño se enamoró de las grietas y de las vasijas que las revelaban. En su sueño, el rey se sorprendió al ver que su corazón era una vasija agrietada que colgaba de un techo. Pero este corazón agrietado era y no era suyo a la vez. De algún modo, pertenecía a todos. Y repentinamente, todos los cansados del mundo cayeron de rodillas para beber la lluvia que brotaba de la grieta del corazón que a todos pertenecía.

El rey se despertó llorando y se apresuró a unir los pedazos de la vasija rota. No pudo hacerlo y mandó llamar a Wu Wei para que le hiciera otra. Después de varios meses, el maestro alfarero regresó. Esta vez, el rey cerró los ojos y buscó de inmediato la grieta en el fondo y se sintió aliviado al encontrarla allí.

A partir de entonces, el rey prohibió que la gente lo llamara rey y, cuando estaba a solas, bebía de rodillas, aceptando una gota cada vez, una gota que manaba de la grieta en su corazón.

- *Al inhalar, reflexiona sobre quién te enseñó a verte de esa manera.*
- *Al exhalar, deja ir todos tus prejuicios y simplemente admira el nuevo panorama con frescura.*
- *Al inhalar, considera cómo el Gran Cañón, que es quizá la grieta más grande de la Tierra, es considerado uno de los más bellos milagros del mundo.*
- *Al exhalar, mira de nuevo tu propia grieta o falla y acéptala como si fuera tu Gran Cañón.*
- *Cierra los ojos y promete subir hasta su punto más alto para admirar el panorama desde allí.*

Historias del viejo mundo

Su abuelo estaba lleno de historias extrañas del viejo mundo. En cuanto comenzaba a contarlas, su padre suspiraba y salía de la habitación. Pero él amaba escuchar a su abuelo e iba a buscarlo al fondo de la cochera, donde solía reparar objetos. Esa mañana lo miraba martillar una pajarera estropeada. Preguntó tranquilo: "¿Qué es una Shiva, abuelo?"

La noche anterior, durante la cena, su padre se quejaba de que no lo habían promovido en el trabajo; una joven estrella había sido ascendida al puesto que mi padre pretendía. Pidió una explicación y le dijeron que el joven era más visionario y estaba mejor entrenado. Su padre quedó herido y triste, pero estas emociones se manifestaron como ira. El abuelo escuchó y finalmente dijo en tono tranquilo: "No nos hace bien sentirnos víctimas. Shiva sólo nos rompe para darnos forma de nuevo." Su padre volteó el plato sobre la mesa y se retiró enojado.

"¿Qué es una Shiva, abuelo?" Su abuelo dejó a un lado el martillo y sonrió: "Ven aquí, cosa preciosa. Tú eres un escucha, ¿o no?" Salieron y se sentaron bajo el majestuoso arce: "¿Ves este árbol bajo el que nos sentamos? Antes de que yo naciera, ni siquiera era visible. La pequeña semilla de la que nació estaba en algún sitio, bajo la tierra, y un día brotó y creció hasta convertirse en esto." Puso la mano de su nieto en el tronco: "Y un día caerá y volverá a la tierra hasta que otra semilla vea la luz."

El niño quedó estupefacto al sentir el árbol. Su abuelo continuó: "¿Comprendes? Aunque no entendía, asintió. El viejo dijo: "En India, mi país natal, el país en que nació mi familia, la fuerza de la semilla, y la fuerza del árbol que se convierte en árbol y la fuerza del árbol que se desploma, cada una de estas fuerzas tiene un nombre." Llegado este momento, el niño miraba el follaje y escuchaba el viento. Su abuelo le pasó un brazo sobre los hombros. "La fuerza de la semilla es Brahma, la fuerza del árbol que se convierte en sí mismo es Vishnú, y la fuerza que destruye es Shiva."

El niño puso las palmas de las manos en el árbol: "Cuéntame otra historia, abuelo." El viejo no podía creer cuán afortunado era por tener un nieto así. "¿Quieres una historia del viejo mundo?" "¡Sí, abuelo! ¡Sí!"

El viejo se recargó contra el árbol también y recordó a su esposa, fallecida hacía mucho tiempo. Cómo hubiera amado a este pequeño niño. El niño estaba ahora sentado entre las piernas de su abuelo. El anciano acariciaba el cabello del niño mientras el viento trataba de acallarlos al pasar entre los árboles.

Sin prisa, el hombre comenzó a relatar la historia de su vida y de cómo había tenido momentos difíciles que lo habían llevado a la alegría del padre del niño y del niño mismo. El viento que pasaba entre los árboles los rodeó gentilmente.

El viejo tenía lágrimas en los ojos, y aunque el niño no encontraba sentido en las historias del abuelo, amaba la danza de su voz.

Para responder en tu diario
- *Describe en qué parte del ciclo estás ahora: en el de la fuerza de la semilla (Brahma), en el ciclo de la fuerza del árbol que se convierte en sí mismo (Vishnú) o en el de la fuerza que acaba con las cosas para que vuelvan a ser semilla y crezcan de nuevo (Shiva).*

Preguntas para la sobremesa

Para ser formuladas a los amigos y seres queridos durante la cena o la hora del café. Procuren escuchar la respuesta de cada persona antes de proceder a la discusión:

- Cuenta la historia de alguien conocido que se haya derrumbado para reformarse, y habla de cómo cambió. ¿Qué lección te dejó esta historia?
- Cuenta la historia de un viaje que te relataron y describe tu relación con la persona que lo contó.

Una meditación

- *Cierra los ojos, respira lentamente e imagina el árbol más viejo de la zona en que vives.*
- *Inhala y siente el viento que mece sus largas ramas que no dejan de estirarse hacia la luz. Exhala e imagina la semilla de la que provino este árbol.*
- *Respira lentamente e imagina la parte de ti que sigue creciendo.*
- *Respira hondo y siente la parte de ti que trata de alcanzar la luz.*
- *Exhala lentamente e imagina la semilla espiritual de la que provienes.*
- *Haz una reverencia y besa la tierra a la que todos retornaremos.*

3. Sufrir y amar el mundo

Habiéndose quemado mi granero,
veo la luna mucho mejor.

Escrito en una tarjeta japonesa encontrada
en la cómoda de Phyllis Harper

LAS ARTES DE LA LIBERACIÓN

Recientemente, di una conferencia en el departamento de filosofía del Colegio Hope, en Holanda, Michigan. El tema fue: ¿Qué son las artes liberales? Después de todos estos años, de las muchas maneras en que la experiencia ha gastado mi lengua, llegué a esta reunión creyendo en las artes de la liberación. Para mí, bajo todos los esfuerzos educativos, subyace la pregunta: ¿Cómo vivir juntos durante nuestra estancia en la Tierra? ¿Qué significa estar vivo? Y, ¿cuáles son las habilidades más hondas —nuestra manera de ver, ser, sostener, saber, sentir y percibir— que nos ayudan en nuestro recorrido por el milagroso y peligroso corredor que es vivir una vida en la Tierra?

Uno de los profesores preguntó con dolor y sinceridad: "¿Cómo abrir la mente y el corazón de los jóvenes, si no estamos seguros de que puedan funcionar así?" Hizo una larga pausa y continuó diciendo: "Me preocupa llevar a la gente a lugares que no les harán bien." Pero esto es el tema central, la maravilla y el dolor del asunto: estar vivo, sea como sea, es sorprendente y riesgoso. Puede llevar a la abundancia o al colapso. Y nada más importa sino reunir los recursos necesarios para superar estos escollos paradójicos y afilados. Debemos ser honestos. Buscar lo importante es siempre una aventura que, inevitablemente, nos desarmará. Creo que toda disciplina —se trate de danza, botánica, matemáticas o psicología—, cada sendero del conocimiento aporta algo al viaje de estar vivo y ser auténtico.

Varios de nosotros seguimos conversando después de la cena y de beber una botella de vino tinto. Al fin, llegamos a nociones más hondas de la fe: la fe en que, cuando la gente es invitada a participar de lleno en la luz, la experiencia pone a su disposición recursos que permiten negociar con la oscuridad. Así que, el prospecto del ser puro —de ver lo extraordinario en lo ordinario— puede quitarte el aliento y mostrarte la eternidad. Sin embargo, amar todo hasta que el corazón sea capaz de sentir, hasta tener la sensación de que el corazón explotará si ve incluso algo tan cotidiano como la lluvia, o que la lluvia misma te hará desaparecer, todo esto te llevará más bien a ser limpiado de lo falso. Mirar a una perra que lame a su cachorro recién nacido te hará llorar en silencio: "¡No puedo más!" Y así se irá tu mezquindad. Aunque los sucesos no siempre son divertidos, siempre existe un lugar tranquilo al que podemos retornar.

Me preocupan más las personas que no logran abrirse lo suficiente. Como escribió Rilke en uno de sus poemas más estridentes: "Estoy solo, pero no lo suficiente para hacer que todo momento sea sagrado." He aquí el filo de la navaja que divide sufrir y amar al mundo.

Entonces, ¿cuál es el ámbito de un maestro responsable? Si pones una gota de yodo en un vaso de agua, el agua entera cambiará de color. Así que no hablemos únicamente de enseñar a la mente. Las gotas que vertemos cuidadosamente llegarán a todo nuestro ser. ¿Y qué podemos hacer? ¿Cómo podemos asimilarlas? ¿Qué tanto es lo apropiado? ¿Qué tan lejos está lo criminal? La verdadera educación es caótica, nunca clara; las lecciones cambian y también los límites.

Gran parte de lo que se nos pide hacer por los demás consiste simplemente en escuchar y atender; debemos convertirnos en un espejo que da forma a lo que el otro está pensando, para conformar un eco claridoso y compasivo a lo que el otro dice. El trabajo del maestro noble o del amigo amoroso es guiar a alguien hasta su propio centro, para que esta persona pueda, a su vez, convertirse en su propio maestro gracias a la inocencia duramente adquirida.

Las historias de esta sección hablan del viaje de estar vivo y de ser auténtico, mientras nos hacemos compañía al sufrir y amar el mundo.

EL LADRÓN

1

Después de un breve silencio, Ted cambió el tema: "Cuéntame la única historia que debo saber sobre Melina." Bill supo de inmediato qué historia contaría. Tomó un minuto cambiar la conversación, pero pudo borrar la pizarra de su corazón con un largo aliento y comenzó: "Bien. A ella no le gusta mucho hablar de eso, así que…" "Comprendo." Bill volvió a respirar hondamente y, conforme se acercaban al hospital, relató la forma en que, cinco años atrás, Melina fue robada y su casa saqueada. Todas sus pertenencias fueron revueltas o rotas en busca de los objetos más vendibles: su estéreo, la videograbadora, la televisión, las lámparas de halógeno. Un objeto en especial —la pequeña escultura de madera que representaba a un venado pastando— había sido completamente arruinado. Se la había regalado su abuela. Se trataba del venado de Babba, que la ayudó a salir del holocausto. La había acompañado en su paso por Treblinka.

Melina llegó a casa justo cuando el ladrón se marchaba. Se miraron durante unos segundos antes de que el joven saliera huyendo. Después de ser interrogada por la policía y de llenar todos los papeles, Melina fue a casa y enfrentó el desastre. Se sentía devastada y atemorizada. Comenzó a refugiarse en sí misma y a mostrarse particularmente indecisa. El mundo se le venía encima y, en los días siguientes, siguió recogiéndose en su interior cual si se encogiera. Comenzó a sentirse oculta. Dicha actitud afectaba ya su trabajo como terapeuta.

Estaban ya en la reja de entrada al estacionamiento; todos tomaban un boleto que debía ser sellado adentro con el nombre de la especialidad en que el ser querido se trataba: oncología, imagen médica, emergencias. Encontraron lugar para estacionarse en el tercer nivel. Bill apagó el auto y continuó: "Unas tres semanas más tarde, capturaron al ladrón. Tuvo que ir a la comisaría para identificarlo junto a otros. Lo hizo y presentó los cargos en su contra."

Llegado ese punto, el tono de Bill reveló asombro y admiración: "Luego, según cuenta ella, tuvo la necesidad de confrontar a ese tipo para seguir adelante y reclamar su espacio. El detective expresó su desacuerdo, pero ya conoces a Melina. De modo que finalmente le permitieron hablar con el ladrón estando presente un oficial. El detective observaba a través de una ventana con falso espejo."

Bill miró su reloj: "¡Jesús! Vamos. Podemos seguir hablando mientras caminamos." Al entrar en el hospital, Bill retomó la conversación: "Pues bien. Ella se sentó frente al ladrón y le clavó la mirada. Él estaba incómodo, pero después de algunos minutos empezó a rehuir los ojos de la mujer. El oficial se acercó. Finalmente, Melina le preguntó sobre su vida. Al principio, él pensó que Melina trataba de manipularlo. Ya sabes que es difícil ignorar la presencia de Melina, así que, a pesar de su reticencia, empezó a hablar. Resulta que no se traba de ningún villano o maniático, sino de un electricista sin trabajo de treinta y tantos años con esposa y un hijo. Y sí: tenía problemas con la bebida y la renta estaba vencida y el bebé necesitaba medicinas. Y entonces tuvo la idea equivocada."

Mas Ted no pensaba en el electricista. Se aferraba a la imagen de Melina desde hacía algún tiempo. Poco a poco, Ted se enamoraba de ella. Plantaba cada historia en un pequeño jardín que cuidaba para ella en su corazón. Al seguir los señalamientos en dirección al departamento de oncología, Bill siguió diciendo: "Entonces ella contó su historia sobre cómo había crecido en Chicago con su abuela, la manera en que llegó a convertirse en terapeuta y su creencia en que debía ayudar a los demás para vivir como es debido. Finalmente, llegó al tema de la intrusión, el robo, la destrucción de su propiedad y del tesoro de Babba.

"Llegado ese momento, ya habían olvidado la presencia del guardia. Olvidaban que se encontraban en una estación de policía, de qué los llevaba a ese lugar. El ladrón comenzó a desplomarse y tembló un poco. Ahora, según cuenta Melina, lograron verse mutuamente. Puedo escucharla diciéndome: 'Ya no éramos la víctima y el perpetrador. Éramos solamente dos personas ordinarias que trataban de avanzar en su camino'." Bill movió la cabeza suavemente: "Dijo que el tipo ya no parecía malo, sino atribulado."

Las historias de este estilo alentaban la confianza de Ted, una confianza que solía mantener oculta. Bill continuó: "Y vaya que se disculpó. El detective no confiaba en lo que estaba sucediendo. Finalmente, Melina se puso de pie y dijo: 'Acepto tu disculpa. Espero que encuentres tu camino.' Se fue y, antes de que el detective pudiera decir algo, ella comentó tranquila: 'He decidido retirar los cargos.' El detective trató de convencerla de lo contrario diciendo que a esas personas había que mantenerlas fuera de las calles. Trató de hacerle entender que esas personas son buenas para fingir y manipular. Pero Melina insistió."

Bill se detuvo para mirar a Ted: "Y después se fue. De camino a casa, se preguntó si había hecho lo correcto. No había planeado nada. Sólo quería enfrentar al extraño que había roto el venado de Babba. Al hacerlo, el momento se desarrolló a su propio ritmo. Se sorprendió a sí misma cuando retiró los cargos. El detective retuvo al tipo otras 36 horas, pero luego tuvo que dejarlo ir. Así de fácil."

Ted tuvo que preguntar: "¿Te dijo por qué lo hizo?" El amor de Bill por Melina parecía llenarlo todo ahora: "Dijo que esperaba que, algún día, alguien le diera una segunda oportunidad." Llegaron a la sala de espera verde, justo en la entrada del ala de oncología, y se sentaron en dos sillas azules rodeados de altos helechos. Sabían que Melina estaba más allá del pasillo que se extendía al pasar las blancas puertas abatibles.

2

Era bueno ver a Bill. Era tan buen amigo. Y ahora, mientras Melina esperaba a Ted con la cabeza vuelta al sol, algo en el olor y la humedad de la mañana hizo que cerrara los ojos para pensar en el ladrón que, años atrás, había roto el venado de Babba. Deseó tener ese venado de madera para aferrarse a él en ese momento. Entonces, escuchó pasos y supo que se trataba de Ted. Esto la hizo sonreír. Abrió los ojos cuando Ted entró a la habitación. "¡Ted! ¡Ted! Pasa. Siéntate aquí cerca." Sostuvo su mano y cerró de nuevo los ojos puesto que el sol se sentía delicioso: "¿Te he contado de la ocasión en que me robaron?"

El hecho le resultó espeluznante a Ted. Dudó al sentir que Bill deseaba que mantuviera en secreto la conversación recién sostenida, pero optó por la honestidad: "Bill me acaba de contar lo sucedido." Esto hizo que Melina riera: "Vaya experiencia." Ted la miró con atención y decidió preguntar: "¿Tienes idea de qué sucedió con él?" Ella abrió los ojos y respiró profundamente: "Me escribió una carta de agradecimiento. No sé cómo obtuvo mi dirección. Al principio me asusté, pero luego me dio por pensar quién era esa persona en realidad. Así que le respondí. Parte de mí pensó que no era buena idea hacerlo, pero mi yo más profundo pensó: 'Si no lo hago ahora, ¿cuándo?'"

Hizo una pausa y se hundió detrás de su sonrisa: "Finalmente nos encontramos para tomar un café. Lo sé, suena como una locura, pero creo que lo hice para constatar si lo sucedido en la estación de policía era real. Nunca hubo nada entre nosotros. Nada de eso." Una brisa repentina se movió entre el macizo de flores y atrajo su atención; era como si, en ese momento, la verdad fuera una fragancia que la seguía: "Como sea, nos vimos para tomar café por un tiempo y luego perdimos el contacto." "¿Volviste a saber de él?" Negó con la cabeza: "No. Pero un año después supe que había muerto de un disparo durante el asalto a una tienda de artículos deportivos." Se mordió el labio inferior: "Desde entonces me pregunto si hice lo correcto. ¿O en realidad contribuí a su muerte?" Ted se sorprendió por lo vivo que estaba aún este incidente para ella. Melina siguió con el relato: "He estado meditándolo, pero la verdad pienso que él estaba en guerra consigo mismo." Ted quería saber más: "¿Qué quieres decir?"

Melina se sentó con la espalda recta: "Deja que te cuente una historia. La escuché de un cliente en la misma época en que me enteré de la muerte del ladrón. Parece que hubo una jefa cherokee que usaba un lobo de dos cabezas alrededor del cuello. Sí, era una mujer. Como sea, los lobos estaban labrados en concha de abulón y se fijaban al encordado con espinas de puercoespín. Una cabeza era oscura y la otra clara. Los lobos se miraban con la boca abierta de par en par y los dientes amenazando. Un día, el hijo de la jefa preguntó: 'Madre, ¿qué significan estos lobos?' Tras un largo silencio, la jefa respondió: 'Uno representa a las fuerzas del amor y el otro a las fuerzas del temor.' Después de un silencio prolongado, el hijo preguntó: '¿Quién ganará?' Y la jefa, sin dudar, respondió: 'El que yo alimente.'

Ahora fue Ted el que se distrajo con la brisa que removía el macizo de flores. Melina siguió: "Ahora me doy cuenta de que ayudé a alimentar al lobo más claro. Aunque fuera por un tiempo. También me di cuenta de que no había retirado los cargos por él, sino por mí. De no haberlo hecho, habría desaparecido dando de comer a mi lobo oscuro." Ambos se fijaron en la brisa que movía las flores y luego Melina admitió: "No estaba solo en esta guerra interna." Continuó mirando las flores: "No. He llegado a creer que sólo son crueles quienes pierden la guerra."

Para responder en tu diario

- *¿Qué clase de comida exige de ti ahora mismo el lobo del miedo? ¿Y qué clase de alimento prefiere el lobo del amor? ¿Cuál de los dos capta tu atención?*
- *¿Qué te permite confiar en alguien?*

Preguntas para la sobremesa

Para ser formuladas a los amigos y seres queridos durante la cena o la hora del café. Procuren escuchar la respuesta de cada persona antes de la discusión:

- *Cuenta la historia de alguien a quien hayas dado una segunda oportunidad.*
- *Melina sintió la necesidad de confrontar al ladrón "para seguir adelante y reclamar su espacio". ¿Qué significa esto para ti?*

Una meditación

- *Cierra los ojos y respira con regularidad hasta sentirte en calma y seguro.*
- *Ahora exhala lentamente y trae a la luz una situación que te inspire temor.*
- *Simplemente respira y mira la situación sabiendo que estás a salvo.*
- *Ahora inhala lentamente y trae a la mente una situación que te inspire alegría.*
- *Permite que la fuente de alegría envuelva a la fuente de temor, así como el agua rodea a la arena.*
- *Al inhalar y exhalar, permite que tus sentidos de la alegría y el miedo se fundan.*
- *Fíjate en cómo te sientes.*

DEL OTRO LADO DEL MAR

Conforme el humo envuelve a la estatua de la libertad, puedo ver a mi madre que llegó aquí hace cien años. Puedo ver cómo luchó para aprender el idioma inglés y cómo murmuraba sus recuerdos queridos de Rusia cuando creía que estábamos dormidos. Anoche vino a mí en sueños. Estábamos en una pequeña cocina con linóleo en el suelo. Había guerra y ella quería bailar. La sostuve cerca y bailamos alrededor de la mesa que había traído desde el otro lado del mar. Le dije que la amaba. Ella rió y dijo amar al mundo. Y así pude detectar el olor de los siglos en su cuello.

Para responder en tu diario

- *¿Qué significa "amar al mundo" en términos cotidianos?*
- *Cuenta la historia de un personaje, histórico o conocido en tu vida, que sientas que personifica este amor de algún modo.*

Preguntas para la sobremesa

Para ser formuladas a los amigos y seres queridos durante la cena o la hora del café. Procuren escuchar la respuesta de cada persona antes de la discusión:

- *Por lo común, cuando se enfrenta una gran catástrofe, los pequeños momentos de amor y amabilidad nos dan esperanza. Comparte la historia de uno de estos momentos, que pertenezca a la historia o a tu propia vida.*

Una meditación

- *Escoge un lugar de conflicto en que la violencia se haga presente en el mundo de hoy.*
- *Siéntate tranquilo y cierra los ojos.*
- *Al inhalar, imagina una ciudad o aldea en particular.*
- *Al exhalar, imagina una esquina o una casa en particular.*
- *Al inhalar, imagina a un ser específico sufriendo.*
- *Al exhalar, envía tu amor como si fuera agua que cae sobre su fuego.*
- *Haz esto por lo menos cinco veces.*

El gran bailarín ruso

Hace frío en el lugar de donde provengo. La gente se reúne alrededor del fuego y salta. Así empieza la danza. Cuando paro, me da frío. Más aún, tengo estos agujeros en mi corazón, como si me hubieran disparado antes de tener memoria. En los días más pesados, se sienten como cabezas de flecha con las puntas rotas, atoradas aquí, invisibles e imposibles de extraer. Se sienten como cuchillos al respirar. Sólo la mano de una mujer, con los ojos cerrados y los dedos extendidos alrededor de los agujeros, puede interrumpir el dolor que me causan las puntas de flechas. Sólo esto y bailar, saltar, rugir. Me siento aliviado con el aire. Vuelvo a la Tierra y los agujeros queman. Giro y, por el momento, la hemorragia se detiene. Me detengo y vuelve. Es como si algo tan vacío sólo pudiera regresarme a la Tierra. Sí: los coreógrafos diseñan los saltos, los giros y arabescos. Encuentran historias tristes, vestuario ceñido y entonces practicamos.

Pero no puedes ver: ¡sólo se trata de calmar la presión sobre estos hoyos! Me disfrazan para representar un papel y otro y otro; alaban la fuerza de mi impulso, el tamaño de mis pantorrillas, la tristeza de mi rostro. Todo se trata de inhalar: *¡libre!* Exhala: *¡inmóvil!* No conozco ninguna de estas historias, ninguno de sus pasos, ninguna de las manos que me frotan para procurarme descanso. Incluso en el ensayo surgen las cámaras y los reporteros se preguntan por qué no puede detenerse. ¿Por qué trabaja tan duro? Por dios: ¿cómo puedes resistirlo? ¡Los agujeros! ¡El peso! ¿Cómo puedes estar tan quieto? ¿Cómo es que ya no puedes elevarte del piso?

Y existen ocasiones en que veo tus ojos tranquilos al elevarme y me hundo al aterrizar. No somos tan distintos. Siempre estamos ensayando, desempeñando, representando, siempre disfrazados, tú y yo. ¿Cómo logras soportarlo?

Lo que llamas práctica no es más que bailar a solas. Hace frío en el lugar de donde vengo y la frontera se quemó durante la última guerra. Los perdidos se queman en mí y producen un fiero y oscuro humo humano. Soy atrapado como el rayo entre el cielo y la sed. ¿Cómo puedes permanecer tan quieto si has visto todo eso? ¿En dónde lo pones? ¿En dónde lo derramas? ¿A quién tocas? Dios: ¡no puedo soportarlo!

Voy de pueblo en pueblo tratando de llegar a la casa que dejas cerrada cada vez que me elevo, en la que aplaudes cuando aterrizo. Ahora entro —me impulsan mis pantorrillas de venado— vamos, arriba, sobre el fuego que nadie ve. Oh, la violencia de los muertos facilita mi salto. Arriba, arriba, más alto, más largo. Siento algo de alivio, más alto, más largo. Recobras el aliento. Tocas el suelo y no puedo soportarlo: girar como un planeta que huye, girar, girar hasta que las flechas sangren. Girar, girar. ¿Puedo hacer otra cosa que no sea sangrar así por siempre? Más rápido, girar. También tú estás de pie, Dios: ¡llévate estos agujeros!

Caigo de rodillas. Gritas y aplaudes. Yo respiro agitado y sudo. Tú aplaudes. Regresa. Aplaudes. Me torno frío. Aplaudes. Me encorvo y respiro agitado. Soy como un animal que han regalado a tu circo.

Para responder en tu diario

- *¿Qué sugiere esta historia sobre la conexión entre el arte, el sufrimiento y la compasión?*
- *El bailarín de la historia dice: "Siempre estamos ensayando, desempeñando, representando, siempre disfrazados, tú y yo. ¿Cómo lo soportas?" Describe la manera en que te descubres ensayando, desempeñando y disfrazando en tu vida.*

Preguntas para la sobremesa

Para ser formuladas a los amigos y seres queridos durante la cena o la hora del café. Procuren escuchar la respuesta de cada persona antes de la discusión:

- *No tenemos que ser importantes para sufrir y buscar alivio a ese sufrimiento. Describe alguna cosa pequeña que hagas para ayudar a disipar el sufrimiento que sientes.*

Una meditación

- *Medita sobre el llanto de un bebé. Siente su necesidad.*
- *Medita sobre el aullido de un lobo. Siente su necesidad.*
- *Medita sobre el canto de un pájaro. Siente su necesidad.*
- *Medita sobre el silencio humano. Siente su necesidad.*
- *En cada inhalación, deja que todo esto se funda.*
- *En cada exhalación, imagina que se trata de distintos rostros de la misma necesidad.*

La colina donde se esconde Dios

Estamos en el verano de 1941, el mismo en que Ted Williams bateó un promedio de .406, en que la ciudad de Kovno, en Lituania, fue arrasada por alemanes cuyos dedos, lastimados de tanto disparar, temblaban. Ese mismo verano, Joe DiMaggio bateó de *hit* en 56 juegos, y se dio la noticia en el gueto de que había trabajo para judíos educados.

Cientos se reunieron —músicos, académicos, rabinos, arquitectos, escritores, abogados, ingenieros, médicos— y, el 18 de agosto, mientras Boston jugaba un mano a mano a dos juegos contra Nueva York, los educados de Kovno se reunieron en espera de trabajo; y cuando Ted bateó un doblete que se estrelló contra el muro del jardín derecho, un camión gris llegó al sitio. De éste bajó un escuadrón de alemanes inexpresivos que disparó contra todos.

No sé qué hacer con esto. No lo traigo a colación para decir que no debemos jugar beisbol. ¿Pero qué hacer con este tipo de crueldad? La hermana de mi abuela y su esposo e hijo murieron en Treblinka. Mi abuela les envió boletos para el vapor en 1933 y ellos los regresaron.

Batear, enviar, regresar, esperar para obtener trabajo: ¿cómo podemos mantener vivo lo que está vivo? ¿Importa la ternura cuando se corta una garganta? Dicen que las manos de un gran bateador pulsan por las noches, y los sobrevivientes siempre escuchan disparos. ¿Pero, cómo encontrar, domar y liberar estas cosas en nosotros mismos. ¿Qué permitió al comandante Jäger matar a tantos para después limpiarse la comisura de los labios con una fina servilleta después de la cena? ¿Y qué hizo que el doctor Elkes tosiera el corazón de tanto rezar mientras moría de hambre en Auchwitz?

El mundo entero vive en todos nosotros. ¿En dónde Auschwitz? ¿En dónde el sol? ¿Cómo respirar en un cielo que lo ha aceptado todo?

Para responder en tu diario

- *Describe una época en que experimentaste o fuiste testigo tanto de la bondad como de la crueldad de modo simultáneo. ¿Cómo te impactó esto y modificó tu idea de la vida?*
- *A lo largo de los tiempos, en la niebla de nuestro sufrimiento, los seres humanos siempre han gritado: "¿En dónde está Dios?"*
- *Explora tus sentimientos sobre la diferencia entre el sufrimiento y la crueldad.*
- *Dada tu propia experiencia sobre el crecimiento y la crueldad, ¿cuál es tu respuesta a la pregunta: "¿En dónde está Dios?"*

Preguntas para la sobremesa

Para ser formuladas a los amigos y seres queridos durante la cena o la hora del café. Procuren escuchar la respuesta de cada persona antes de la discusión:

- *Se trata de una pregunta atemporal que aún vale la pena formular: "¿Qué permite ser tan crueles a quienes son como el comandante Jäger? ¿Y qué permitió al doctor Elkhanan Elkes resistir con tal dignidad?*
- *¿Es posible perdonar algo como el holocausto?*

Una meditación

- *Siéntate tranquilo y date cuenta de que, en este mismo momento, mientras respiras, algo tierno y amoroso sucede, y también algo cruel.*
- *Mientras respiras, simplemente experimenta la tensión de estos opuestos. No trates de encontrar sentido en ellos. Limítate a recibirlos.*
- *Al inhalar, muestra la crueldad que ves en la parte de ti capaz de dañar*
- *Al exhalar, muestra la amabilidad en la parte de ti capaz de amar.*
- *Al inhalar, permite que la amabilidad interior y exterior diluya la crueldad interna y externa.*
- *Conforme respiras profundamente, permite que la amabilidad y la crueldad del mundo giren en el océano del espíritu que a todos nos sostiene.*

EL PINTOR ES PINTADO

(PARA DON)

Estaba en el parque tratando de atrapar los colores. Su caba-
llete no estaba muy firme que digamos. Estaba a punto de
abrir un poco las piernas ahí parado sobre el pasto cuando
sintió que alguien venía desde la fuente. El parque estaba
lleno de gente que no tenía a dónde ir. Pensó: "Sólo quiero
mirar la luz." El hombre se aproximaba. El pintor se acercó
todavía más a su lienzo y trazó intensamente con su pincel el
color amarillo. Era bueno para parecer ocupado, pero la luz
matinal lo desarmaba. Le hizo detenerse a la mitad del trazo.
Ningún amarillo podía capturar esto. Fue entonces que, entre
trazos, el desaliñado vagabundo se sentó en el pasto, justo en
el sitio en que estaba el espacio soleado que él pintaba.

    El artista siguió viendo la luz, que ahora iluminaba la
espalda del indigente. El vagabundo estaba tan triste que
atraía toda la luz. Era imposible concentrarse. No era justo.
La mañana sería un desperdicio. Fue entonces que comenzó
a hablar al pintor, que trataba de ser educado. Al divagar, el
pintor fue golpeado por la luz que se filtraba por el cabello
anudado del hombre, y se preguntó si el hecho de no tener
a nadie hacía que las ideas crecieran sin más en la cabeza. De
modo que empezó a escuchar. El hombre con las ideas que
le crecían de la cabeza preguntó al artista: "¿Por qué pintas?"
El artista respondió: "Todo se trata de la luz." El hombre
innominado aventuró: "Entonces debes regresar más

112

temprano y pararte detrás del roble, unos diez minutos después del amanecer."

El pintor no estaba seguro de qué pintar. Se quedó ahí parado, con su pincel amarillo en la mano, escuchando a este nuevo amigo que requería ser escuchado, necesitaba escucharse a sí mismo; el mismo que, después de todo, no era tan distinto.

El pintor se encogió de hombros y se sentó en el pasto junto al extraño. El día se volvía más tibio y comenzó a pasar más gente. El hombre de las ideas que crecían de su cabeza comenzó a tener sentimientos crecidos de su boca. Habló de amantes y amigos sin citar jamás un nombre. Habló también de viajes al oriente y de hacer o perder dinero. También habló de estar tan perdido, que hasta el ir y venir carecían ya de sentido.

La luz se tornó inusualmente brillante y el pintor se puso de pie para cubrir su lienzo. Al voltear, su nuevo amigo se había ido. Era como si un ave hubiera remontado el vuelo después de ser alimentada.

Para responder en tu diario

- *Describe un momento en que hayas estado tan obsesionado buscando algo, que pasaste por alto lo que estaba justo frente a ti.*
- *Describe un momento en que hayas obtenido sabiduría de una fuente insospechada.*

Preguntas para la sobremesa

Para ser formuladas a los amigos y seres queridos durante la cena o la hora del café. Procuren escuchar la respuesta de cada persona antes de la discusión:

- *¿Qué significa para ti el título "El pintor es pintado"?*
- *El desaliñado vagabundo confiesa estar "tan perdido, que hasta el ir y venir carecían ya de sentido."*

- *Inventa una conversación sobre este tema.*
- *Haz que uno de ustedes comience la conversación citando la frase del indigente.*
- *Haz que otra persona pregunte: "¿Qué quieres decir?"*
- *Si hay más personas presentes, se convertirán en testigos silenciosos.*
- *Mira a dónde lleva el diálogo y discute lo sucedido.*

Una meditación

- *A lo largo del día, tal vez en el almuerzo o en un descanso, siéntate en un lugar público en silencio.*
- *Medita durante diez minutos con los ojos abiertos.*
- *Al respirar lentamente, considera cómo, al realizar una caminata, casi nunca vemos la vida salvaje que abunda en el bosque.*
- *Al inhalar profundamente, considera cómo las fuentes de sabiduría en el mundo están igualmente presentes e igualmente escondidas.*
- *En cada exhalación, conviértete en un sitio seguro para que la sabiduría se muestre, de la misma manera en que las pequeñas criaturas del bosque salen a buscar comida.*
- *En cada inhalación, date cuenta de que, cuando callamos, las fuentes de sabiduría aparecen y dan lo que saben.*
- *Olvídate de tus preferencias y deja que las fuentes de sabiduría te encuentren y alimenten.*

Dos monjes escalan una montaña

Sorprendía ver cuánta gente asistía a sus conferencias. Muchos eran curiosos. Muchos estaban perdidos. Muchos querían verlo en su viaje. Muchos estaban listos para sentirse ofendidos. El pasto crecido en que la gente se reunía había sido pisoteado por multitudes. Algo de sagrado había en el azul vacío del cielo. Había pasado media mañana cuando Rammohun apareció.

La multitud murmuró y se inclinó respetuosamente a su paso. Cuando llegó a un pequeño promontorio, la multitud enmudeció y Rammohun dijo: "Permitan que les cuente una historia sobre dos monjes. Ambos habían seguido las enseñanzas de Buda toda su vida. Se les consideraba hombres santos que se habían preparado muchos años para emprender un viaje sagrado. Y un día comenzó el viaje. Juntos, empezaron a escalar una montaña sagrada, pues creían que Buda mismo los esperaría en la cima. No obstante, a mitad del ascenso, uno de los monjes se rompió la pierna y no pudo seguir adelante." Entonces, la mitad de la multitud se identificó con el monje herido y la otra mitad con su amigo.

Rammohun dio tiempo a que la noción se asentara y siguió con el relato: "Pasaron la noche en espera de que el monje herido pudiera seguir por la mañana, pero éste tuvo fiebre. Era claro que no podía seguir, pero tampoco quedarse donde estaban. Necesitaba ser llevado de regreso al mundo para curarse. ¿Qué debía hacer el otro monje? ¿Debía abandonar a su hermano para alcanzar el nirvana? ¿Debía llevar a su hermano de vuelta al ciclo de nacimiento, muerte y encarnación (samsara)? Díganme: ¿qué harían ustedes? ¡Díganme!"

Un joven muy devoto expresó: "Lo pondría tan cómodo como fuera posible y seguiría adelante para cumplir mi destino con Buda." Rammohun le habló directamente: "¿Y qué pensarías si fueras tú quien es dejado atrás?" El joven se sentía orgulloso de su claridad: "Aceptaría mis faltas y procuraría no ser un obstáculo." El profeta miró al joven devoto por largo tiempo y finalmente suspiró: "¿Quién de ustedes viajaría con este hombre santo?" Todos rieron.

Señaló al joven entre la multitud y dijo amable pero firmemente: "Si estuvieras herido en la montaña, serías afortunado si viajaras conmigo. Porque yo dejaría de lado cualquier meta con tal de conservar tu vida. Pero si yo estuviera herido en la montaña, resultaría un gran infortunio haber viajado contigo." Miró fijamente al joven con aire de desaprobación y luego habló a la multitud: "Ahora pueden convertir a la montaña en lo que deseen, en lo que aspiren a ser o tener. ¿Vale la pena dejar ir una vida por conseguir una meta, aunque consista en encontrarse con Buda? ¿Y qué tal si tu destino es entender que cuidar a otro es la cima?"

La multitud guardó silencio y Rammohun expresó su revelación abiertamente: "Todos los seres pueden ser comprendidos de esta manera. Hay quienes dejarían a sus hermanos heridos en la montaña y otros dejarían de lado la montaña que representa sus sueños para preservar la vida." Siguió penetrando por la grieta que detectó en la multitud: "La historia de este tipo de sufrimiento es vasta. Cada era tiene su dotación de personas heridas en el camino. Cuando la mayoría es dejada atrás, estamos ante una era de crueldad. Cuando la mayoría de los heridos recibe cuidados, estamos ante una era compasiva. Es tan simple como esto: ¿A qué grupo pertenecen? ¿Qué enseñarán a sus hijos?"

Avergonzado y ofendido, el joven devoto se fue intempestivamente. En ese momento, Rammohun espetó: "¡No sé si va a subir la montaña o si piensa regresar por los compañeros de viaje que dejó atrás!" La multitud entera rió nerviosa, puesto que todos querían ser como el monje que abandonaría sus sueños, aunque varios se daban cuenta de que, de hecho, pertenecían al grupo del otro, del que escalaría la montaña a toda costa. Al percibir esto, Rammohun dio por terminada la conversación: "Veo que se hallan a medio camino entre una y otra persona. Creo que hemos terminado."

Para responder en tu diario

- *Describe un momento en que te hayas debatido entre tu compromiso personal y el compromiso con los demás.*

Preguntas para la sobremesa

Para ser formuladas a los amigos y seres queridos durante la cena o la hora del café. Procuren escuchar la respuesta de cada persona antes de proceder a la discusión:

- *Cuenta la historia de alguien que haya subido a la montaña a toda costa.*
- *Cuenta la historia de alguien que haya dejado todo de lado por ayudar a los demás en su camino.*
- *¿Es posible encontrar un punto medio entre estos extremos?*

Una meditación

- *Esta meditación debe realizarse caminando.*
- *Conforme avance tu día, fíjate en las personas con quienes te encuentras: los viejos sentados en las bancas, los indigentes que solemos pasar de largo e incluso en tus colegas del trabajo.*
- *Al pasar junto a ellos, considera de qué maneras, visibles e invisibles, los demás se han roto en su ascenso a la montaña.*

- *Detén la marcha y, respirando lentamente, considera en qué sentido estás roto.*
- *Mientras inhalas y miras a tu alrededor, pregúntate a dónde vamos todos.*
- *Al exhalar, pregúntate a dónde vas tú.*
- *Abre tu corazón y pregúntate cómo podemos ayudarnos todos.*

SUFRIR Y AMAR EL MUNDO

Bajo todas nuestras diferencias, somos todos capaces de cualquier cosa y de todo, a un tiempo maravillosos y terribles. Cada día enfrentamos retos una y otra vez, bajo muchas formas. Sufrimos y amamos el mundo. Un incidente desgarrador relacionado con esto tuvo lugar recientemente, y fue como un aneurisma surgido en el cuerpo de nuestra sociedad. Me refiero a la masacre de Virginia, que ha permanecido conmigo. Estoy seguro de que escuchaste hablar del hecho. Fue una tragedia televisada.

Permíteme comenzar con los acontecimientos terribles. El lunes 16 de abril de 2007, a las 7:00 a.m., Seung-Hui Cho, profesor titular del Tecnológico de Virginia, utilizando guantes negros y armado con una pistola Walther semiautomática calibre 22 y una Glock semiautomática 9 milímetros, disparó y mató a una pareja de jóvenes en el auditorio West Ambler Johnston. Se marchó del lugar y mandó por correo un paquete de escritos y videograbaciones al noticiario de la NBC. El paquete fue recibido en la oficina de correos a las 9:01 a.m. Alrededor de las 9:30 a.m., Cho entró al Auditorio Norris, puso cadenas en las tres entradas del local, fue al segundo piso y comenzó a disparar a estudiantes y maestros.

En nueve minutos, Cho disparó unas 170 balas, matando a treinta inocentes antes de dispararse en la sien. Durante esos nueve minutos, Cho había ido al salón 204, lugar en que el profesor Liviu Librescu daba una clase de mecánica de sólidos. Sobreviviente del holocausto, el profesor Librescu debió sentir que la repentina aparición de las balas y de la crueldad eran ya algo familiar. Mientras sus estudiantes escapaban por las ventanas, Liviu mantuvo la puerta cerrada, dejando fuera a Cho, quien disparó a través de la puerta, dándole al profesor cinco veces. Cho siguió con su masacre y Liviu Librescu murió.

Me siento obligado a imaginar su encuentro a cada lado de esa puerta. Ambos habían pasado muchas cosas siendo espíritus, bajo la forma de Cho y bajo la forma de Liviu. Habían compartido mucho a lo largo de la historia, en sus muchas vidas y muchas culturas. Esta vez, se encontraron en Blacksburg, Virginia, una mañana de primavera en que el mundo parecía marchar bien. Esta vez, uno era un coreano perdido en Estados Unidos y el otro un rumano judío sobreviviente del holocausto.

Esa mañana se enfrentaron en una encarnación más de los dos rostros que todos poseemos. Uno era Cho, el solitario abrumado por el aislamiento, y el otro Liviu el sobreviviente abierto por el sufrimiento. Uno sentía tanto dolor que no acabó con todo lo que lo rodeaba; el otro se libraba de toda pretensión hasta que no logró impedir el abrazo de todo lo que se dolía.

No sabían que se encontrarían de nuevo esa mañana. No sabían que volverían a protagonizar la batalla por la vida que todos buscamos y tememos. Eran extraños, al menos en ese lugar y circunstancia; y también eran contrapartes inevitables que giraban como electrones espirituales, destinados a colisionar en una paradoja sin tiempo a la que el resto de nosotros intentamos encontrar sentido.

Nadie sabrá cómo despertó cada uno ese día. Seung-Hui Cho, tan divorciado de la vida, buscó el flujo de la sangre. Y Liviu Librescu, tan lejos del horror que lo había cambiado en el holocausto, sólo podía pensar en las aves y en los nombres de sus estudiantes. Ambos se vistieron y cerraron la puerta tras de sí esa mañana. El que vivía siendo Cho se movía como un fantasma desesperado por romper la grisura que lo rodeaba; el otro vivía como Liviu, tan roto por su sufrimiento que apenas podía soportar la maravilla de un día más.

Como en el ojo de un huracán, el momento inminente como centro de esta tragedia casi se pierde entre la horrorosa devastación. Pero vayamos atrás, antes de que Cho comprara sus armas, de que cualquiera de los muertos ese día hubiera nacido, de que Liviu ingresara al campo de concentración. Vayamos unos miles de años atrás. Allí, antes de ser Cho y Liviu, estos espíritus combatientes se encontraron siendo Angulimala y Buda, en el siglo sexto antes de Cristo. El que rompía todo era Angulimala. Mataba al por mayor. El otro, el que abrazaba todo, era Buda. Se encontraron en el camino. No había cámaras ni repeticiones instantáneas, pero se dice que estuvieron cara a cara, en silencio por largo rato, hasta que Buda simplemente dijo: "Yo me he detenido. Tú no lo has hecho." Y cuenta la leyenda que Angulimala estuvo vivo por vez primera.

¿Nos detendremos nosotros? ¿Nos detendremos algún día? El mundo siempre ha mantenido el balance gracias a un hilo de compasión. Cuando manejaban los autos al campus esa mañana, imagino que Cho se sentía oprimido por la sensación de no poder detenerse. Y creo que Liviu, debido a todo su sufrimiento, se sintió obligado a detenerse para dejar a un lado todo lo que podía drenarlo de la vida. Esa mañana, el que estaba en el cuerpo de Cho contaba sus balas; el que vivía en el cuerpo de Liviu se detuvo a ver un cornejo en el camino.

Pero vayamos atrás, antes de que fueran Cho y Liviu, al siglo XVI, en Japón, lugar en que también se encontraron. Esta vez, el que estaba tan desesperado como un fantasma era un samurái endurecido. El otro, el que apenas toleraba la maravilla de un nuevo día, era un monje de ojos claros. En esos lares, el samurái buscaba el significado de la vida y le dijeron que el monje tranquilo lo conocía. Así que el endurecido encontró al monje en oración, sacó su espada y exigió conocer el secreto. El monje siguió rezando, lo que hizo enojar al samurái, quien finalmente dijo: "¿No sabes que puedo matarte en un segundo sin siquiera parpadear?" A esto, el monje de ojos claros replicó sin cambiar de postura: "¿Y no sabes tú que pueden matarme en un segundo sin siquiera parpadear?" Esta vez, el endurecido dejó caer la espada y se retiró.

Pero en nuestro tiempo, en Blacksburg, Virginia, el que no lograba detenerse se abría paso disparando por el auditorio Norris sin parpadear siquiera. Y al escuchar los disparos, el de los ojos claros no cambió su postura, sino que reconoció el sonido de las balas por su experiencia en los campos de concentración. Esta vez, el tranquilo que podía ser asesinado sin que el agresor parpadeara, reconoció que la rueda giró de nuevo. Dijo a los estudiantes que salieran por la ventana mientras caminaba hacia la puerta. Por un momento, al volverse, no pudo asegurar si quienes se escurrían por la ventana eran sus estudiantes o sus compañeros en el campo de concentración. Al dar la cara a la puerta, no estaba seguro de quién estaba del otro lado: un ladrón, un loco o un oficial de la S.S.

Tal vez cerró los ojos mientras esperaba. ¿Importaba quién había perdido su conexión con la vida? ¡Importaba si esto había sucedido 2 500 o 63 años atrás? ¿Importaba saber si se usaba una piedra, una espada o una ametralladora? ¿Importaba lo que ambos dirían? Los disparos parecían más cercanos. Antes del encuentro, el más luminoso suspiró honda y lentamente.

Estaban más cerca cada vez. Volverían a encontrarse. Pero volvamos atrás de nuevo, hasta el Taiwán del siglo XVIII, lugar en que los espíritus encarnados ahora en Cho y Liviu aparecieron como un jefe y un diplomático. Esa vez, el guerrero endurecido decapitaba a un miembro de la tribu al año. Se veía como una cuestión religiosa. El que estaba cansado de los homicidios, rogaba y rogaba porque se detuviera la matanza. El endurecido escuchaba respetuosamente, luego se excusaba y decapitaba al elegido. Esto tuvo lugar durante años. Finalmente, mientras rogaba al tiempo que otro inocente temblaba, el elegido dejó de mirar, enfrentó al jefe y dijo: "No. Si matas a alguien esta vez, seré yo." Y en esa pequeña aldea, sin que nadie mirara, el jefe, habiendo llegado a gustar del que rogaba, no pudo matarlo y así se detuvieron las ejecuciones.

Ahora volvían a interponerse en sus respectivos caminos, como había sucedido tantas veces antes. Pero no había tiempo de que Cho llegara a gustar de Liviu. Imagino que se sintieron a ambos lados de la puerta. Y sin decir palabra, la presencia de Liviu afirmaba: "Yo me he detenido. Tú no lo has hecho." Y Cho hizo una pausa muy breve, solo en el pasillo, cegado por todo lo que seguía dormido en él, por todo lo que lo lastimaba.

Sin duda, ellos nada se dijeron a través de la puerta. Imagino que en ese momento Liviu pensó en su linaje. Imagino que no parpadeó. Fue entonces que Cho, incapaz de detenerse, apuntó a la puerta antes de disparar. Y en ese instante, en ese momento de decisión del alma que vive por siempre en la Tierra, nosotros somos como ellos. Nos guste o no, hemos jalado el gatillo y enfrentado la pistola. Nos guste o no, hemos vivido a ambos lados de la puerta. ¿Qué haremos la próxima vez? ¿Nos detendremos? ¿Romperemos todo lo que tocamos o abrimos? ¿Seguiremos huyendo de la vida y de la muerte? ¿O enfrentaremos la muerte y viviremos?

Su momento había llegado. El que se llamaba Liviu se plantó y enfrentó al que se llamaba Cho una vez más, diciendo sin palabras: "Esta vez, si matas a alguien, ese alguien seré yo." Era una mañana común de primavera en Blacksburg, Virginia. En ese lugar apareció de nuevo la lucha que se fatiga en cada uno de nosotros. Y ahí, el punto quieto del universo se afanó por ser visto brevemente. Esto hubiera sido insoportable para el espíritu de Liviu Librescu, que ya dejaba el cuerpo en su ruta a un nuevo nacimiento, mientras Cho cargaba de nuevo el arma para perseguir su dolor por el pasillo.

Para responder en tu diario

- *Describe una época en que te sentías roto y qué provocó eso en tu sentido de la vida y del mundo.*
- *Describe un momento en que hayas sido abierto y lo que eso representó en tu sentido de la vida y del mundo.*
- *¿En qué lugar de tu ser residen esas dos posibilidades ahora?*

Preguntas para la sobremesa

Para ser formuladas a los amigos y seres queridos durante la cena o la hora del café. Procuren escuchar la respuesta de cada persona antes de la discusión:

- *En la parte final de la historia, se dice: "Nos guste o no, hemos jalado el gatillo y enfrentado la pistola. Nos guste o no, hemos vivido a ambos lados de la puerta." ¿Qué significa esto para tí? ¿Cuál es tu punto de vista sobre este particular?*

- *Por una parte, Cho era un individuo responsable de sus propios actos. Por otra parte, su aberración fue producida por la sociedad, de la misma forma en que la presión alta debilita la pared de un vaso sanguíneo causando un aneurisma. Imagina y discute qué factores pueden haber creado la fuerza destructiva en que Cho se convirtió.*

Una meditación

- *Cierra los ojos y reflexiona sobre el alma de Cho y el alma de Liviu.*

- *Mientras respiras lentamente, reflexiona sobre el espíritu atemporal que apareció esta vez bajo la forma de Cho, y sobre el espíritu atemporal que apareció en nuestro tiempo bajo la forma de Liviu.*

- *Conforme respiras hondo, medita sobre ese punto de aislamiento que vive en ti y pudiera volverse destructivo si es alimentado.*

- *Respira lentamente y reflexiona sobre esa partícula de vulnerabilidad que vive en ti y, de ser alimentada, puede convertirse en un factor dador de vida.*

- *Sé consciente tanto de tu aislamiento como de tu vulnerabilidad conforme te mueves cada día.*

- *Sé cuidadoso con aquello que riegas.*

Pierrot en la ciudad muerta

1

El maestro creía en todos sus estudiantes; eso lo convertía en maestro. Pierrot creía en sí mismo y en la danza. Cuando era él mismo, era un fósforo. Cuando bailaba, era una flama.

El maestro dijo un día: "He escrito una pieza exclusiva para ti." Pierrot resopló: "¿Con todos estos estudiantes y es sólo para mí?" El maestro lo reprendió: "No. No es *sólo* para ti. Es solo *para* ti."

Antes de que Pierrot pudiera comprender qué pretendía el maestro, él dijo: "Te mostraré una vez. Muy lentamente. Es la danza de un payaso que camina por las calles de una ciudad en que las familias están rotas y sus tesoros han sido robados. Hasta los niños parecen tener 80 años. Te mostraré una vez."

Pierrot observó con detalle los pies, los brazos, contó los pasos del maestro y captó el patrón de inmediato. De inmediato también imaginó los movimientos en reversa y dio con tres variaciones simultáneamente.

El maestro detuvo su ejemplo. Su ser estaba pesado por la carga que esa ciudad les imponía. Parecía exhausto y cambiado, como el hombre que asciende una montaña para encontrar a su amante y regresa sin nada, a no ser por el eco de su llanto.

Pierrot no se percató de esto. Sólo vio los pasos y quería ponerlos en práctica mientras su memoria estaba fresca. Copió exactamente los pasos del maestro y luego agregó florituras propias. El maestro advirtió esto en Pierrot, que respiraba ansioso por los halagos de su maestro.

"Te prohíbo bailar esto en público."

"¿Por qué?"

"Porque tu corazón no puede repetir los pasos."

"No entiendo…"

"Exactamente."

Y el maestro se fue.

El orgullo mantuvo a Pierrot alejado del maestro durante varios días. Finalmente, al amanecer, después de ver cómo el maestro oraba bajo la luz temprana, detuvo su camino: "Enséñeme los pasos del corazón."

El maestro suspiró: "Hijo mío, no puedo hacerlo."

Pierrot sintió que la indignación crecía en su interior: "Y se hace llamar maestro."

El maestro rió: "Eres tú el que me llama maestro."

Pierrot lo siguió. "Debe decirme *algo*. Mire: he practicado." Y Pierrot volvió a imitar la danza del maestro, con mayor habilidad incluso que la primera vez.

A propósito, el maestro guardó silencio. Pierrot se puso tan transparente como el vidrio soplado. El maestro murmuró suavemente: "Te prohíbo bailar esto… en público."

Pierrot insistió: "¿Qué quiere que haga?"

El maestro tomó suavemente la barbilla de Pierrot y levantó su rostro: "Practicar con el cuerpo no equivale a practicar con el corazón."

Pierrot se alejó de la mano del maestro diciendo: "¡Enséñeme! ¡Usted es un maestro!"

El maestro rodeó a Pierrot como si fuera un médico observando a un enfermo con mal desconocido. "No voy a decirte qué debes ser. Perderías tu libertad." Siguió dando vueltas a Pierrot: "Y no te diré lo que no eres, puesto que de hacerlo resentiría toda tu instrucción." Pierrot esperó dolorosamente. El maestro dijo: "Eres tú mismo en demasía."

2

Pasaron semanas en que Pierrot observaba a los payasos como un niño y a los niños como si fueran payasos. Notó la ligereza de su paso, cómo bailaban sus ojos. Vio que una niña pequeña perseguía una mariposa sin pensar en su propio estado de gracia; vio un gato que perseguía a un ave; vio cómo el viento acariciaba una vara de bambú y vio el ritmo natural que existe en todo.

En principio, quería saltar como la niña, acechar como el gato o levantar todo lo que lo rodeaba, cual si fuera viento. Fue entonces que se percató de que la hija del barquero se reía de él a la distancia. Pero cuando trató de hablar, ella se fue. Y al perseguirla, se sintió vivo al principio. Pero conforme la persecución se prolongaba, más vacío se sentía en ese movimiento infinito. Ella se esfumó y él, jadeante, quiso más que nada besar a la mariposa, hablar como el ave, desenredarse como el bambú y sentarse al lado de la hija del barquero sintiendo la risa que anidaba en sus ojos.

Cuando Pierrot danzó para el maestro, los pasos apenas se veían; su respiración era salvaje y sus brazos obedecían a un movimiento rotatorio localizado detrás de los ojos. El maestro parecía satisfecho. Pierrot se detuvo mareado y agitado. El maestro tomó el rostro del alumno entre las manos: "Has encontrado la fuente de la alegría, pero también estás fuera de control. Te pareces demasiado al payaso."

3

Pierrot se fue durante meses. No estaba seguro de qué hacer. Fue a muchas ciudades a pesar de que las odiaba. No habló con nadie pues se limitaba a observarlos. Le dio hambre. Se tornó irritable, olvidó el hambre, olvidó sus preferencias. Vio que los indigentes no necesitaban lavarse y cómo las personas sin amor no necesitaban tocarse. Vio que los ricos no tenían necesidad de ver y que los ladrones, como lobos, podían dejar a cualquiera en los huesos en un callejón. Pobre diablo. Descansó en cuclillas por el resto de la noche y el día siguiente. Vio que los ojos abiertos no se movían y cómo el viento levantaba y dejaba caer la manga del muerto. Se quedó allí hasta que las rodillas le dolieron por no moverse e incluso los perros llegaron a olfatearlo como si fuera un objeto inanimado. Y Pierrot comenzó a llorar. La danza le resultaba trivial. Hasta se preguntó en silencio si el cuerpo estaría más contento que él. Lloró por la crueldad de la vida con los vivos, una crueldad que no conocía. Una hormiga caminó sobre el rostro del muerto. Pronto aparecieron otras y Pierrot se levantó y se fue dejando para siempre su inocencia en ese callejón.

Cuando danzó para el maestro, arrastraba los pies con la cabeza gacha; no le importaban los pasos del corazón o la opinión del maestro. Más que terminar, se desvaneció. El maestro lo levantó sosteniéndolo en sus brazos y lo meció suavemente: "Hijo mío, mi hijo: ya te pareces demasiado a los muertos."

4

Pierrot estaba deprimido. No estaba seguro de qué decir. Finalmente, al dormir, el maestro murmuró a su espíritu que nunca dormía: "Sigues fingiendo." Pierrot pareció incómodo. El maestro continuó: "Debes deshacer el propósito del payaso y el de los muertos…"

Pierrot despertó en cuanto el maestro concluyó: "Debes dejar ir…"

Pierrot se sentó: "¿Qué debo encontrar?"

El maestro lo acalló: "Debes hallar…"

Pierrot interrumpió: "No tengo propósito."

El maestro suspiró.

5

Pierrot se sentía muy atribulado. A pesar de su abatimiento, de patear las piedras y jugar con ramitas, el maestro sabía que Pierrot estaba practicando. Y la práctica lo llevó al río en que había visto a la hija del barquero. Ella estaba allí y también lucía atribulada. Se arrodilló al lado de la muchacha y vio al padre moviendo los carrizos.

Ella empezó a llorar y, no teniendo ya necesidad de las instrucciones de su maestro, su corazón explotó obligándolo a ponerse de pie. Rodeó a la joven afectada por el dolor y comenzó a danzar con los ojos de una mariposa y también con los del muerto.

Bailó en círculos envolviendo el dolor de la mujer con el suyo propio, dibujó un turbante translúcido sobre su cabeza y suspiró con el peso de los siglos. Y ese suspiro que tanto había anhelado hizo que ella levantara el rostro gentilmente, cual si fuera una vara de bambú. Así, la hija del barquero pareció aliviada.

Para responder en tu diario

- *Cuenta la historia de un maestro, padre, anciano o amigo que, de algún modo, te haya conducido a tu verdadero yo.*
- *Describe en dónde te encuentras en tu viaje de descubrimiento, y en quién te has convertido al comprender la alegría y el sufrimiento.*

Preguntas para la sobremesa

Para ser formuladas a los amigos y seres queridos durante la cena o la hora del café. Procuren escuchar la respuesta de cada persona antes de la discusión:

- *Cuenta la historia de una etapa en que eras demasiado tú mismo, demasiado como el payaso o como los muertos y qué logró despertarte de ese trance.*
- *Respecto del viaje de Pierrot, ¿cuál es el propósito de la danza, o del arte en general y qué puede dar a los vivos?*

Una meditación

- *Siéntate tranquilo hasta que adviertas en tu aliento un firme sentido de tu ser.*
- *Conforme respiras regularmente, revive un momento reciente de alegría, experimentado o atestiguado.*
- *Mientras respiras hondo, revive un momento de sufrimiento, experimentado o atestiguado.*
- *Respira hondo y permite que estas dos impresiones se fundan en ti, sin negar la plenitud de ninguna de las dos.*
- *Respira profundamente y permite que tu ser, el asiento de tu verdadero yo, sea un contenedor para la alegría y el sufrimiento.*
- *Permite que los sentimientos generados entren en tu cuerpo.*
- *No importa si se trata de un gesto menudo, de tu mano abierta o de tus pies: para abrir los brazos y girar, permite que tu ser comience a expresar el inicio de una danza.*

El lobo de Gubbio

1

Pareció un incidente aislado. Todos se sentían mal por Antonio. Encontró destripadas a tres de sus ovejas. Una estaba todavía viva a pesar de que le faltaban varias partes del cuerpo. Tuvo que sacrificarla. Los ataques volvieron a presentarse. Daban la impresión de limitarse a las afueras y sólo ocurrían de noche. Los mercaderes tomaron el hecho como una confirmación de que tenían razón en dejar la actividad agrícola.

Las cosas eran más seguras si se estaba en grupo. Aquellos lugares en que los hombres se reunían, comerciaban o socializaban, parecían estar fuera del mundo salvaje. Entonces, llegada la primavera, durante un agradable día en que los jacintos comenzaban a encontrar su color, en una calle adoquinada cerca del centro de Gubbio, mientras Bertollo instalaba su mesa de zapatero y sus niños pateaban su bloque de madera en el callejón, apareció el lobo pavoneándose casi en silencio. El sol lamía sus patas. Los niños no sabían que era un lobo. Pensaban que era un perro grande. Bertollo, martillando en su banco un tacón roto, sintió la tibieza del animal muy cerca de su muslo y su respiración en la entrepierna. Bertollo cogió su banco y se retiró como un cangrejo. Su pequeña niña quiso acercarse a su lado y él gritó: "¡No! ¡Corre! ¡Corre!" Pero no lo hizo y el lobo comenzó a rodearla. Bertollo le arrojó zapatos. El lobo los evitó fácilmente y luego desapareció por el callejón.

Después, nadie se sintió seguro. Todos caminaban mirando en derredor. Las mujeres lavaban la ropa en grupos en el río, mientras uno o dos maridos hacían guardia en la orilla. Hasta los patios interiores de los ricos fueron atacados; varias gallinas murieron y también se pudrieron algunas canastas de huevos. El cerdo del alcalde fue atacado. No era fiero.

2

Hubo una reunión en el pueblo. El temor hacía que los hombres se mostraran intrépidos. Algunos estaban tan enojados que parecían lobos. Estuvieron de acuerdo con dar caza a la bestia. Francisco asistió a esta reunión, pero nada dijo. Simplemente miró la emoción desbordada de la ciudad y gruñó en respuesta. Y así, sin planear bien las cosas, el alcalde lideró un grupo de esposos y varones primogénitos que se internaron en los bosques en las afueras de Gubbio. Allí tratarían de matar a esa cosa salvaje y hambrienta.

Era de noche y llevaban antorchas y cuchillos. Y mientras la pareja del lobo aullaba en la oscuridad, él mismo paseaba por la aldea y encontró a la pequeña de Bertollo, no muy segura de la causa de tanto lío.

Vio al lobo en el estrecho callejón detrás de su casita y salió a su encuentro. Sus ojos requirieron bastante tiempo para acostumbrarse a la oscuridad. Mientras lo hacían, los del lobo comenzaron a relumbrar. Ella podía escuchar su respiración cada vez más fuerte conforme el animal se le aproximaba. Pensó que sus ojos eran enormes y no enfocarían bien, pero tenían un tinte rojizo que había ella visto en las fogatas que su padre dejaba arder durante días.

Estuvieron frente a frente por largo rato. Cuando pretendió acariciarlo, el lobo se alejó un poco y, juguetón, le dio la pata. Sus garras rompieron el pequeño vestido. Ella corrió a casa y el lobo siguió deambulando por la aldea vacía, matando a dos gatos y llevándolos al río.

Por la mañana, los hombres de Gubbio habían regresado. Estaban agitados por una noche entera de escuchar aullidos.

Sólo habían encontrado algunos huesos de gato cerca del río. Y la niña de Bertollo, temerosa de ser castigada por haber salido de casa, se vio obligada a decir que el lobo había entrado y había rasgado su vestido.

Ya ni siquiera el interior de las casas era seguro. Algunas esposas fastidiaron a sus maridos diciendo: "Ve a buscar a ese loco, el que va por el bosque en harapos." "Ése al que hablan los pájaros." "Francisco, sí, a él me refiero." "Sí: haz que Francisco hable con el lobo."

Los hombres que más miedo tenían pensaron que buscar a Francisco era una forma de rendición, pero otros estuvieron de acuerdo. Lorenzo dijo: "¿Por qué no? Podríamos usarlo como carnada."

3

Pasaron cinco días y todo estuvo tranquilo. Tal vez el lobo se había marchado. La gente se relajó. Los hombres comenzaron a soñar despiertos y los niños a jugar. Sin embargo, a mitad de la tarde, hubo un escándalo repentino en que abundaron los gruñidos y los chillidos agudos. Cuando los hombres de guardia llegaron, el cerdo del alcalde estaba muerto: su patio destrozado, la cerca rota, el jardín excavado y su banca de piedra volcada.

4

Todos querían matar a la bestia. Si pudieran encontrarla… El alcalde mismo fue al bosque con Bertollo y otros tres para buscar a Francisco. Después de dos días, lo encontraron en un gran círculo de maleza. Al centro había una fogata. Los pájaros estaban por doquier, una zorra se acurrucaba junto al fuego y una coneja mordisqueaba moras silvestres.

El alcalde fue el primero en hablar: "¿Eres Francisco?" Él se acercó y las aves volaron a la seguridad de los árboles: "¿Se fija usted en que todas las alas se alejan de usted?"

El alcalde ignoró esto. "Necesitamos su ayuda." Un ave regresó adonde estaba Francisco. Él la sostuvo en la palma de su mano: "Todo es cuestión de confianza. Usted quiere volar con desesperación; las aves sienten su pesadez y su envidia."

El alcalde perdía la paciencia: "Este lobo ha estado matando en nuestras calles. Nadie está seguro." Francisco envió al ave de regreso al árbol: "Toda criatura domesticada es presa fácil." El alcalde insistió: "¿Puedes hacer algo?" Francisco alimentó el fuego: "No lo mataré, si es lo que usted pretende."

Bertollo repuso: "¡Casi mató a mi hija! ¿Es más importante un animal que una persona?" Francisco se aproximó y habló en murmullo: "Un animal *es* una persona sin espíritu consciente."

Nadie entendió.

El alcalde insistía: "¿Puedes convencerlo de que nos deje en paz?"

Bertollo se disgustó. Hasta el alcalde se sintió avergonzado de hacer tal solicitud.

Francisco salió de su círculo de arbustos y se acercó al mundo: "Nosotros somos los huéspedes. Este lobo quiere algo."

Bertollo intervino enojado: "¡Es una bestia! ¡Una bestia hambrienta e irracional!"

El alcalde lo acalló: "Estaríamos agradecidos si pudiera usted hacer algo… Estamos cansados de vivir con miedo."

A Francisco le agradó el alcalde. Se dio cuenta de que su espíritu animal era el oso. Miró a Bertollo y se percató de que su espíritu animal era el hurón. Acarició a la zorra que estaba a sus pies y dijo: "Trataré."

Francisco los observó mientras se retiraban y supo que lo utilizaban para encontrar al lobo, así que levantó el campamento y se dirigió a las montañas al oeste de Gubbio; guió a los hombres por altos acantilados, haciéndolos pasar cerca de un río espesamente bordeado por la maleza. Una vez allí, era fácil perderlos y, puesto que había montañas por los cuatro costados, tardarían días en encontrar el camino de vuelta. Los dejó en un exuberante valle con un arroyo y se dirigió a los bosques del norte de Gubbio, donde vivía el lobo.

5

Mientras caminaba por el campo que tanto amaba, sintió que iba al interior, lugar en que las formas de vida nunca evolucionaban gran cosa a partir de su naturaleza original. Por eso se sentía tan atraído por los animales. Estaba seguro de que eran incapaces de captar cosas complejas como el sentido de moralidad y la conciencia entre su forma de ser y los centros básicos de energía.

Al adentrarse en el interior, sintió que el silencio crecía y se tornaba instructivo. Era como si las palabras fueran una cortina para quienes no eran capaces de enfrentar la verdad. Estaba en el límite del bosque y ya no había senderos. Entonces encontró a un pájaro extraño que nunca antes había visto. Su pico era pequeño y siempre estaba abierto. El pecho azul, pero las alas presentaban un tono dorado. Los animales están benditos, pensó, pues tienen una incorruptible capacidad de evolucionar enteramente a partir de un impulso puro.

Por eso amaba a las aves. "Todo", pensó, "desde sus ojos redondos como chícharos, hasta la disposición de sus plumas y la ligereza de las patas, todo tiene esa forma según su urgencia de volar. Todo en su existencia está diseñado para hacer que este impulso se vuelva realidad. Lo mismo pasa con los peces. No hay miembros ni elementos que les impidan sumergirse."

Incluso el lobo lo sorprendía como manifestación completa de hambre pura. Su capacidad de acechar, matar y devorar se desarrollaron para satisfacer el hambre y nada más. Y su aullido enervante: nada puede rasgar la tranquilidad como esa voz hueca del hambre.

Se detuvo para sentir la riqueza de un bosque en que no existía sendero conocido y escuchó la mezcla de espíritus animales que no lograba ver, cada uno llamando con una expresión única de su impulso básico. Él quería ganar su propio llamado. Sentía que Dios hablaba por medio de las expresiones de los animales, como si se tratara de un lenguaje elemental que el hombre, debido al desarrollo de su mente, dejaba de lado. Estaba seguro de que cada uno de esos sonidos vivía en su alma, aunque había perdido la capacidad de escucharlos.

Estaba convencido de que el ser humano era el regalo más complejo de todos: un enigma del aliento, una oportunidad para liberar nuestro espíritu animal y extender nuestro ser. Desear como un ave. Soñar como un árbol. Pensar como un lobo. Resistir como una piedra. Permitir que los impulsos de Dios expresen su verdadera naturaleza conforme pasan por el corazón humano.

6

Se había adentrado tanto en lo interior que ya no tenía noción del mundo externo. No había trazas de civilización que lo llevaran de vuelta. Sentía que no necesitaba protección, puesto que Dios estaba en todas partes: en el tronco caído sobre el cual caminaba, en la luz extendida por el follaje de los arbustos vivientes, en el arroyo que escuchaba con nueva vida a su izquierda. Se aproximó a la ladera este de la montaña más lejana y allí, en la entrada de una pequeña cueva, estaban el lobo, su pareja y tres lobeznos.

Los cachorros jugaban igual que los niños de Bertollo, sin fijarse en que un hombre se aproximaba; pero el lobo le clavó la mirada cuando Francisco quebró algunas ramitas con el peso de su cuerpo. El lobo fue al encuentro en el límite de su santuario. Gruñó y algo en Francisco gruñó de vuelta. El lobo mostró sus dientes y Francisco se agazapó mostrando los suyos. El lobo dio vueltas alrededor de Francisco y lo arañó juguetón en el brazo. Francisco tenía miedo, pero algo lo obligó a permanecer sentado sobre la hojarasca. Cerró los ojos y pensó intensamente: "¿Qué quieres de nosotros?" Repitió el pensamiento en su mente mientras imitaba un aullido.

El lobo se echó sobre su vientre como una esfinge. Francisco siguió aullando y llenando el aullido con su pensamiento: "¿Qué quieres de nosotros?" El lobo emitió unos gruñidos guturales desde su trono de tierra. En el silencio que sobrevino, Francisco comprendió al lobo de la forma en que lo hace alguien perdido en el mar que llega a entender el sonido de las ballenas que viene de las profundidades. Francisco pensó y luego aulló: "¿Qué quieres?"

El lobo gruñó: "Regresar." Francisco pensó y luego aulló: "No dejan de alejarnos…" El lobo aulló hasta que una nota penetró en la cabeza de Francisco: "¡Estoy en el exilio!" Francisco pensó-gruñó: "Yo también."

El lobo se retiró un poco y, frente a frente, Francisco pudo ver el oscuro centro del lobo y a sí mismo. Estaba de rodillas; su espíritu animal aullaba en su rostro y se percató de que él se alimentaba de los animales de la misma forma en que el lobo se alimentaba de los aldeanos.

La iluminación pasó y Francisco volvió a ser un hombre de rodillas en el mundo salvaje y frente a un lobo hambriento. Sudaba por temor al ataque del lobo, pero algo muy profundo en su interior lo hacía acercarse; el lobo le puso las patas en los hombros y ambos rodaron a un lado: el lobo hirió a Francisco y él se aferraba a la piel del animal. Mientras se revolvían, el espíritu del lobo entró en Francisco y el espíritu humano en el cuerpo del lobo. Brevemente, lo ojos del hombre enrojecieron y los del lobo ostentaron una claridad inexplicable.

Y tan rápido como intercambiaron cuerpos la primera vez, estos soplos espirituales dejaron de luchar sobre la tierra. Se apartaron. Francisco tosió muy fuerte; le sangraban los brazos, las piernas, y tenía pelo de lobo en los puños. El lobo respiraba agitado.

Francisco miró entre los árboles, abrumado por su compasión hacia los aldeanos: "Lo que quieren es matar el hambre."

El lobo se lamía y, mientras conforme lo hacía más pensaba Francisco en Bertollo y el alcalde: "No pueden soportar el aullido."

El lobo parecía más pequeño. Francisco se sentía más grande. Pudo sentir que los rasguños de sus brazos se cerraban. No comprendía, pero no podía negar que estaba en el lobo, que el lobo aullaba en silencio desde su interior.

7

Tomó cuatro días, pero Francisco y el lobo viajaron juntos hasta las afueras de Gubbio y, en esa frontera entre el mundo silvestre y la aldea, se detuvieron para sentir el viento que pasaba por el pelo del lobo y por la piel de la mente de Francisco. Allí, como si fueran gemelos en el exilio, tanto el espíritu como el lobo se sentían solitarios y libres.

Al caminar por las calles de Gubbio, el silencio se parecía al del bosque. Al ver los rasguños en Francisco y la docilidad del lobo, muchos pensaron que Francisco había dominado a la fiera. ¿Cómo podían saber que le había permitido entrar en él?

Francisco llevó al lobo con el alcalde, quien estaba perplejo: "¿Qué barbaridad has hecho?"

Francisco se arrodilló y abrazó al lobo: "Éste es tu hermano."

Nadie podía moverse. Las mujeres sostenían a sus hijos. Los hombres aferraban sus armas. El lobo comenzó a jadear cuando Francisco se retiró: "Éste es el vacío que ustedes niegan."

El lobo alzó la cabeza y emitió un aullido que rompió muchos corazones ocultos. Los hombres dejaron caer sus armas y la hija de Bertollo tomó un pedazo de pan y se lo dio a la bestia.

Francisco se fue y el lobo siguió a la hija de Bertollo hasta su casa, en donde él, la loba y los tres lobeznos vivieron gracias a unos seres humanos que ya eran más amables.

Para responder en tu diario

- *Se dice que los nativos norteamericanos valoran a los animales porque nunca olvidan sus instrucciones originales. Un oso jamás olvida lo que es ser un oso. Pero los humanos nos olvidamos de ser humanos. Describe un aspecto de tus instrucciones originales —lo que eres tú— y recuenta la historia, cómo entendiste esto y llegaste a perderlo de vista.*

Preguntas para la sobremesa

Para ser formuladas a los amigos y seres queridos durante la cena o la hora del café. Procuren escuchar la respuesta de cada persona antes de la discusión:

- *Cuenta la historia de algo aprendido de los animales y di cómo lo hiciste.*
- *Cuenta la historia de una época en que te sentiste aislado y solo en tu intento por comprender la vida.*

Una meditación

- *Siéntate tranquilo en un lugar público y medita sobre el lobo de Gubbio.*
- *Respira hondo y reflexiona sobre el temor que la gente siente ante los lobos.*
- *Respira hondo y considera cómo el lobo, siendo un lobo, reflejaba el hambre de la gente.*
- *Al exhalar, fíjate en la gente que camina en las inmediaciones e imagina a las personas en los edificios cercanos. Imagina que todos somos animales humanos que nos necesitamos, pero también nos tenemos miedo.*
- *Al inhalar, siente el hambre que llevamos dentro y proyectamos en los demás.*
- *Al exhalar, deja que se vaya tu miedo a ser descubierto.*
- *Al inhalar, da la bienvenida a tus propias instrucciones originales.*
- *Al exhalar, pon las palmas de las manos hacia arriba y da la bienvenida al hecho de ser encontrado.*

El halcón de la verdad

Existe un mito muy poderoso que conecta el dolor de nuestro corazón con la reserva de verdad universal. No estoy seguro de su origen, pues me llegó en un sueño. Pero la naturaleza realista del sueño fue tan convincente que me queda claro que no soy el primero en soñarlo. De hecho, siento que me fue permitido ser testigo de algo que se ha creído y narrado por generaciones en algunas tribus indígenas ahora olvidadas.

En el sueño, un halcón semejante a los dioses avista el corazón abierto de un hombre y se lanza en picada para picotearlo. El dolor humano que provoca la vida culmina en un dolor cardiaco insoportable, pues el halcón divino come el órgano. El dolor aminora, es remplazado por cierto vacío; no un vacío en el sentido de ausencia, sino más bien parecido a una desnudez más allá de la experiencia de cualquiera.

Es difícil comunicar una escena semejante con palabras. Podríamos decir que la recompensa de quienes tienen abierto el corazón es que un pedazo de éste yace por siempre en la verdad que sobrevuela todo. Y más alla de qué sea lo que la verdad sobrevuela, el corazón abierto puede verlo claramente. Y siempre que la verdad extiende sus alas, no importa lo que hagamos —dormir, comer o revolvernos en nuestra confusión—, una conciencia nos supera de pronto. En su momento, ese pedazo de nuestro corazón se mezcla con el dolor de otros. De modo que obtenemos de vuelta más que nuestra propia visión de la realidad.

Imagino que este mito profundamente arraigado comenzó gracias a algún cazador experimentado que esperaba en la maleza la muerte de un antílope herido. Para su sorpresa, un halcón descendió con tal autoridad que el cazador se escondió aún mejor entre los arbustos. Y desde allí miró cómo el ave-centella desgarraba la carne herida y, por un momento, pareció que el antílope se incorporaría para escapar. No fue así. El espíritu del antílope daba la impresión de estar en el pico del halcón. No hay duda de que, con el tiempo, el hijo del hijo del cazador contó a su hijo la historia diciendo que el antílope se levantó y corrió para estar siempre en el cielo con el halcón divino.

Desde los más remotos tiempos, hemos sabido que al exponer una herida al aire, ésta sana. De igual manera, cuando somos abiertos por la experiencia, nuestra alma es sanada. Sin embargo, como un hombre de las cavernas que sólo se atreve a dejar expuesta la herida porque no tiene con qué cubrirla, esperamos ese mismo momento de rehacer las cosas. En nuestro caso toma más tiempo, dado que tenemos innumerables formas de cubrir la herida.

Sin importar si lo hacemos voluntariamente o somos forzados, la liberación del dolor de nuestro corazón al Universo es a la vez dolorosa e iluminadora. Ya sea que consideremos esto una tragedia o una transformación, ser abiertos a la verdad de esta manera alivia algo del dolor y deja en su lugar un sentido del infinito, y con éste llega la dulzura al mundo.

Para responder en tu diario

- *¿Qué relación existe entre tu verdad personal y la verdad del universo?*
- *Describe una experiencia o pensamiento encubiertos que te impidan una experiencia más directa de la verdad.*

Preguntas para responder en la sobremesa

Para ser formuladas a los amigos y seres queridos durante la cena o la hora del café. Procuren escuchar la respuesta de cada persona antes de la discusión:

- *Cuenta la historia de un dolor emocional y de la verdad que obtuviste al ser abierto de este modo.*
- *Describe la comprensión de una verdad a la que hayas llegado y te deje la impresión de que fue revelada a otros antes que a ti.*

Una meditación

- *Siéntate y acude a tu centro.*
- *Al respirar profundamente, procura que salga a la luz la parte de tu corazón recientemente abierta.*
- *Al respirar hondo, abre los brazos y da la bienvenida al halcón de la verdad.*
- *Respira lentamente y permite que se vaya el dolor causado por haber sido abierto. Imagina que el halcón de la verdad se lo ha llevado.*
- *Cierra los ojos y siente el vacío que dejas atrás.*
- *Respira en este vacío y permite que el ojo de tu mente se vaya del cuerpo para percibir, por el momento, la verdad universal desde el exterior de tu visión personal.*

CAÍN Y ABEL

En secreto, deseaban el mundo entero, pero al caer, como debe suceder, se encontraron con una mora en su mano más débil. El más terco de los dos se negaba a dejar ir su sueño, y la mora parecía muy pequeña comparada con todo lo que deseaba. El vacío lo hizo amargo. El más gentil de ambos se preguntó si el sueño lo había llevado a esta mora, y fue suavizado aún más para sentir el mundo entero bajo la delgada piel del fruto.

Para responder en tu diario

- *Escribe una conversación imaginaria sobre la mora entre Caín y Abel.*
- *Según tu experiencia, ¿cómo el vacío puede tornarse amargo y la gentileza lleva a sentir el mundo entero?*

Preguntas para la sobremesa

Para ser formuladas a los amigos y seres queridos durante la cena o la hora del café. Procuren escuchar la respuesta de cada persona antes de la discusión:

- *Cuenta la historia de la persona más necia que hayas conocido.*
- *Cuenta la historia de la persona más amable que hayas conocido.*
- *¿A quién prestas oído en estos días: a Caín o a Abel?*

Una meditación

- *Medita con una sola mora colocada en un plato pequeño frente a ti.*
- *Siéntate tranquilo con la mora ante ti y piensa en todo lo que deseas en la vida.*
- *Respira todos tus sueños y siente tu determinación. Ahora sostén la mora en tu mano como si fuera lo último que vas a recibir. Fíjate en cómo te sientes.*
- *Coloca la mora de vuelta en el plato. Vuelve a respirar hasta quedar abierto. Respira hasta suavizarte. Ahora sostén la misma mora en la mano como si ésta contuviera todo. ¿Qué sientes?*
- *Respira con regularidad y acepta que dispones de dos maneras de recibir esta vida en tu interior.*
- *Respira hondo, cierra los ojos y come la mora.*

Mantener vivo un platillo

Siempre que viajaba a Lansing, Don iba a un restaurante de comida del Medio Oriente, conocido años atrás. Adoraba el Kebbe naie, platillo de carne de cordero molida mezclada con hierbas y aceite de oliva; la carne es sazonada pero no cocinada. Un día, el platillo no apareció en el menú y Don habló con el dueño, Abu, quien dijo que no valía la pena, muy pocos lo pedían; pero Don afirmó que era exquisito y no debía salir del menú. Abu dijo: "Llama antes de venir y lo prepararé para ti." Así que siempre que Don iba a Lansing, dos o tres veces al año, llamaba a Abu y le recordaba: "Mi nombre es Don. Soy la persona que…" Abu siempre lo recordaba: "¡Sí! La persona del Kibbe Nyah. ¿Cómo está? Venga. Lo prepararé para usted." Y cada vez Don dejaba una buena propina o intentaba pagar un poco más, pero Abu se negaba: "No, no. Juntos mantendremos vivo el platillo."

Año tras año, Don preguntó a uno de los meseros: "¿Qué puedo regalar a Abu?" Su viejo amigo sonrió antes de decir: "Ama las flores." Así que la siguiente ocasión en que Don fue a Lansing, llamó y Abu dijo: "Sí, sí, venga." Y Don entró llevando cuatro ramos de lirios y narcisos. El restaurante entero aplaudió mientras Abu limpiaba sus manos en el delantal para recibir las preciosas flores. La música de su mundo comenzó a sonar y el aroma del cordero recién molido llenó el cuarto. Todos comieron con las manos. Abu tomó algunas flores y las colocó por todo el restaurante. Algunos meseros pusieron lirios y narcisos detrás de sus orejas. Todos sonreían. Y por largo rato, el mundo pareció estar bien.

Para responder en tu diario

Cuenta la historia de una amistad que creció gracias a una amabilidad inesperada.

Preguntas para la sobremesa

Para ser formuladas a los amigos y seres queridos durante la cena o la hora del café. Procuren escuchar la respuesta de cada persona antes de la discusión:

- *Describe una costumbre, ritual o gesto cotidiano que te gustaría mantener vivo. ¿Por qué?*
- *Cuenta la historia de alguien a quien hayas visto ser amable en una situación poco amable.*

Una meditación

- *Alcanza tu centro y recuerda una ocasión en que fuiste amable sin razón alguna. Puede ser tan simple como recoger algún objeto que un extraño tiró o dejar una manzana donde los pájaros hambrientos puedan encontrarla.*
- *Respira tranquilamente y medita sobre qué se siente ser amable.*
- *Respira hondo y nota la diferencia que sientes cuando dudas en dar.*
- *Entra a tu día sin tratar de ser amable conscientemente, sino mirando las cosas con amabilidad, permitiéndote así ser quien eres y hacer lo que haces.*

4. La invitación a crecer

"¿Por qué es tan largo el camino a la libertad?",
preguntó un aprendiz atribulado.
Y el maestro respondió:
"Porque tiene que cruzarte."

Antigua historia zen

LA INVITACIÓN A CRECER

Se requieren años para que una semilla se convierta en árbol. Las estaciones dan forma y cicatrices a cada árbol. Uno podría decir que el viaje de ser un espíritu en la Tierra es el equivalente humano, y que los años de experiencia conforman y marcan, poniendo a cada cual en su sitio. Bien podríamos afirmar que éste es el largo camino a la libertad, a la libertad interior. Se trata de una invitación a crecer.

Cuando empezaba, quería ser poeta con todas mis fuerzas, pues la poesía era una especie de colina que debía ascender para ver el panorama. Pero al llegar a la cima, algo faltaba, y debí subir a la siguiente colina. Finalmente, me di cuenta de que no necesito escalar para convertirme en poeta. Ya era poeta.

Lo mismo sucede con el amor. Quería amar y ser amado, pero al abordar las relaciones como si fueran colinas, volví a darme cuenta de que amaba y era amado desde siempre.

Luego quise ser un hombre sabio, pero después de muchos viajes y estudios, durante mis días en cama a causa del cáncer, me di cuenta de que ya era sabio. Digamos que ignoraba el lenguaje de mi sabiduría.

Ahora entiendo que todas estas encarnaciones cobran vida en nosotros cuando vivimos los días frente a nosotros, cuando nos atrevemos a escuchar el viento que canta en nuestras venas. Llevamos el amor y la sabiduría como si de semillas se tratara, y los días nos hacen germinar. Y es la germinación la que conforma la poesía. La germinación es el largo camino a la libertad.

Existe otra lección más reciente. Provino de una conversación con una mujer muy sabia que fue mi mentora. Me refiero a la analista jungiana Helen Luke. La conocí durante los últimos dos años de su vida y, en la que resultó ser nuestra última conversación, ella me dijo: "Tu misión es vivir la vida, no revelarla." Esto me afectó, pues había pasado la vida convirtiéndome en escritor, pensando que mi trabajo era ése: revelar lo que es esencial y está oculto.

En el tiempo transcurrido desde la muerte de Helen, he llegado a entender esta última instrucción como una invitación a despojarme de cualquier propósito grandioso, sin importar la dedicación a lo que hacemos. No me decía que dejara de escribir, sino de luchar por ser importante. Me invitaba a dejar de grabar la poesía de la vida para *entrar* en la poesía de la vida.

Esto es así para todos nosotros. Si nos dedicamos a la vida que tenemos a mano, el resto vendrá por sí solo. La vida, parece, se revela por medio de quienes desean vivir. Cualquier otra cosa, no importa qué tan bella sea, es mera publicidad.

Me tomó muchos años aprender y aceptar esto. Comencé siendo bastante inocente y hubo separaciones. Hoy sé que la salud reside en la restauración de la experiencia directa. Por tanto, habiendo luchado para hacer lo que nunca se había hecho, descubrí que vivir es el arte original.

Las historias de esta sección hablan del arte original de vivir y de cómo la experiencia nos pide sin descanso crecer.

LA REAPARICIÓN DE TU FU

Volvió a surgir de la neblina amarilla su barba asiática enmarañada. Estábamos en una orilla sana y él se sentaba con las piernas cruzadas sobre la arena. Dibujaba en ella con una rama y su fina cabeza apuntaba al suelo. Me puse en cuclillas y le dije: "¿Cómo puedo bloquear el temor?" Él siguió dibujando en la arena como si no me hubiera escuchado. Me molesté: "¡¿Cómo puedo bloquear el temor?!" Levantó la cabeza y se encogió de hombros moviendo la rama por encima de su cabeza: "¿Cómo hace un árbol para bloquear el viento?" Y después desapareció.

Para responder en tu diario

- *Por lo común, el miedo obtiene su poder del hecho de no ver. Comparte algo que temas ver directamente ahora y explica por qué.*

Preguntas para la sobremesa

Para ser formuladas a los amigos y seres queridos durante la cena o la hora del café. Procuren escuchar la respuesta de cada persona antes de la discusión:

- *Esta historia me llegó en un sueño. Cuenta la historia de un sueño que se haya quedado contigo y describe qué atrae tu atención en tu vida.*

Una meditación

- *Respira tranquilo y siéntate con la espalda muy recta, como si fueras un árbol.*
- *Al respirar, siente las variaciones de temperatura que llegan a tu piel gracias a los vientos constantes.*
- *Al inhalar, fíjate en que sólo si nos aferramos al calor termina siendo fiebre.*
- *Al exhalar, nota cómo sólo al aferrarnos al frío, lo convertimos en algo helado.*
- *Respira limpiamente y siéntate alto como un árbol. Fíjate en que lo mismo sucede con los vientos del temor y la preocupación.*
- *Mientras respiras, deja que todas las cosas de esta vida pasen cerca de ti: luz y oscuridad, claridad y confusión, paz y temor, armonía y caos, pero no te aferres a nada.*
- *Respira limpiamente como un árbol y deja que los miles de estados de ánimo se muevan a través de ti.*

El desierto y el mercado

Un maestro sufí y su discípulo cruzaban el desierto para llegar a un mercado cerca del mar. Al cruzar el desierto, el aprendiz no vio mucha diferencia entre él y su maestro. El aprendiz murmuró para sí: "La verdad no está tan lejos como pensé." Pero una vez en el mercado, el aprendiz no logró dar un paso firme. Vio a una mujer hermosa a la distancia y quiso tocarla. Y al luchar con su deseo de tocarla, dejó de experimentarla. Ahora él pescaba en la grieta de su corazón. Lamentaba el último amor conocido y se preguntaba dónde estaría. Luego vio cómo un padre golpeaba a su hijo mientras los demás seguían su camino como si nada. Pero ahora sentía ira contra su propio padre y ya no experimentaba la calle. Luego, más allá de los vendedores de pescados, un encantador de serpientes hacía danzar una por los aires y el aprendiz fue ahora atrapado por el miedo que su madre sentía por estos reptiles. Cuando el maestro intentó tocar al joven, fue como si tratara de alcanzar una oscura neblina. El aprendiz quedó perplejo. El maestro tomó su rostro y dijo: "Cuando puedas caminar en la ciudad como si ésta fuera un desierto, y en el desierto como si de la ciudad se tratara, el sol se convertirá en el corazón que brilla sobre tu cabeza y tu corazón será el sol que brilla en tu interior."

Para responder en tu diario

- *Siendo humanos, somos cegados fácilmente por asociaciones que nos alejan de la experiencia directa.*
- *Da un ejemplo reciente de alguna ocasión en que tú, igual que el aprendiz, fuiste expulsado del momento que experimentabas y quedaste en tu mundo paralelo.*
- *Narra la historia de esta asociación y comenta en qué lugar de tu ser vive ahora.*

Preguntas para la sobremesa

Para ser formuladas a los amigos y seres queridos durante la cena o la hora del café. Procuren escuchar la respuesta de cada persona antes de la discusión:

- *Cuenta tu historia de un miedo heredado.*
- *El maestro concluye: "Cuando puedas caminar en la ciudad como si ésta fuera un desierto, y en el desierto como si de la ciudad se tratara, el sol se convertirá en el corazón que brilla sobre tu cabeza y tu corazón será el sol que brilla en tu interior." ¿Qué crees que significa?*

Una meditación

- *Medita en público si puedes. Hazlo en un café, una banca o cerca de una ventana por la que camine gente.*
- *Conforme alcances tu centro, respira y deja que el mundo entre en ti y entra en el mundo.*
- *Mientras respiras lentamente, nota la diferencia entre las cosas fuera de ti, gestos voces, sombras, y las de tu interior, sentimientos, pensamientos, recuerdos, preguntas.*
- *Respira profundamente, deja que surjan tus asociaciones y permite que se asienten.*
- *Respira limpiamente y deja que las cosas exteriores retornen a lo que son.*

- *Respira limpiamente y deja que las cosas interiores se asienten como arena en el fondo de un recipiente.*
- *Sin duda, esto requerirá de tiempo y esfuerzo. Necesitarás practicarlo. Vuelve a hacerlo si lo necesitas.*

Semillas dentro de las semillas

Vivían en la pequeña aldea de Badaling, al pie de las montañas cuyas aguas alimentaban al río Luan en dirección este. Se dice que las canciones de esa gente sencilla han sido llevadas durante siglos por el Luan hasta el gran mar Bo Hai, donde hacen que los peces suban a la superficie. Zhang era un maestro jardinero que trabajaba para el general que gobernaba la villa. Zhang había sido amigo de la esposa del general, Shenji, durante mucho tiempo. Y ambos se habían hecho amigos del vagabundo Li Bai, quien apareció por ahí la última primavera.

Los tres se reunían, según su costumbre, en la parte más alta del jardín, cerca del viejo gazebo que Zhang construyó años atrás, con el padre de Shenji. Era un lugar privado, santo. Zhang comenzaba a decir algo a Shenji cuando llegó Li Bai.

Zhang hizo un movimiento con el brazo para indicarle que se sentara: "Estaba a punto de hablar a Shanji sobre un pensamiento que salvó mi vida. No es mío sino de Mencio, el nieto del gran Confucio. Es la clase de idea que no tiene dueño, pero Mencio le dio voz hace más de mil años. Me considero bendecido por haberla escuchado.

"Mencio dijo que los seres humanos son por naturaleza amables, que nacemos abiertos y generosos. Habló de esta amabilidad como de una forma de agua. Dijo que si se le permite seguir su curso natural, toda el agua fluirá hacia abajo y, aunque podemos hacer que fluya colina arriba, su deseo natural es fluir por las grietas hasta llegar al mar. Igualmente, cuando se nos permite seguir nuestro curso natural, seremos amables y, aunque las circunstancias pueden influirnos para ser de otra manera, nuestro deseo natural es permitir que la amabilidad fluya por el vacío de otros".

Shenji y Li Bai estaban maravillados con lo que decía Zhang, dado que no tenía educación formal. Incluso no sabían cómo aprendió a leer. Se limitaba a decir que ser jardinero lo había convertido en flor. Los pensamientos de ambos estaban ya con el que hablaba y no repararon en lo que Mencio había dicho. El viejo jardinero sintió esto, de modo que cambió rápidamente el curso de la conversación: "Pero yo también sufro los cambios a mi alrededor. Nunca terminan. Por ejemplo, vean esto."

Zhang sacó una bolsa llena de semillas negras con forma almendrada. Echó unas cuantas al suelo: "Estas semillas vienen de África." A Shenji le costaba trabajo seguirlo, pues su corazón estaba agitado, pero de todas formas tomó una de las semillas: "¿En qué se convertirán?" Zhang admitió: "No lo sé, pero son un problema para mí. Necesito su consejo."

Esto confundió a Shenji, que todavía pensaba en la conversación anterior. Pero se conformó con escuchar a Zhang mientras él tomaba un puñado de las semillas desconocidas para decir: "Me las dio el general. Dijo que habían sido enviadas por el hijo del emperador, Ti. En principio, pensé que esto era un regalo de su parte. Y algo de mí no puede esperar a que llegue la primavera para ver qué pequeño milagro brota de la tierra."

Abrió la palma de la mano mostrando las semillas oscuras: "Desde África." Las volvió a echar al piso: "Pero luego escuché cosas horribles sobre Ti y su padre. Y ésta es mi pregunta: "¿Debo sembrarlas o no? ¿Envenenará el jardín el toque de Ti? ¿Será la semilla más fuerte que quien la carga?"

El corazón de Shenji latía fuerte: "No las siembres." Li Bai la presionó para que abundara: "¿Por qué? ¿Qué has escuchado?" "Nada en realidad. Sólo sé que Ti es un hombre sin corazón." Li Bai se preguntó en voz alta: "Pero si sólo plantáramos lo que proviene de manos limpias, la Tierra sería un desierto." Zhang rió pero Shenji se sintió molesta: "Digamos que esto no me da buena espina." Todos guardaron silencio hasta que Zhang se levantó saliendo de una reflexión profunda: "Todo depende de si la semilla queda impregnada en el hombre o si el hombre queda impregnado en la semilla, ¿no es así?"

Toda esta conversación carecía de interés para Shenji, quien pensaba que las semillas era una calamidad inminente. Las miró ahí, como esperando entre ellos y sintió como si hablaran de la naturaleza del agua mientras se extendía un incendio. Se puso de pie y pateó la pila de semillas gritando: "¡Envenenarán el jardín!" Zhang quedó perplejo y fue a calmarla: "Shenji, por favor, tranquila. Nunca haría algo que pusiera en peligro todo esto. Mi vida va en ello." Y Shenji empezó a llorar.

Mientras Zhang la sostenía, Li Bai pudo ver que Shenji tenía miedo de los peligros que se anunciaban en la casa, y que Zhang plantaría las semillas con fe.

Ésa era la primera vez que Zhang la había visto alzar la voz. Se estaba calmando y algo en la presencia de Li Bai los sumió en otro silencio profundo. Zhang suspiró hondamente. Haría cualquier cosa por Shenji. Todo esto sólo alimentaba su impulso de plantar las semillas desconocidas. Le costaba trabajo esperar hasta la primavera para ver qué colores brotarían de la tierra.

Ahora Shenji parecía exhausta. Estaba recostada en el pasto y comenzó a dormitar. Li Bai comprendió que era un error optar por algún bando. Se tendió en el suelo y miró el cielo para dormitar también.

Cuando despertó, Shenji seguía durmiendo, pero Zhang daba vueltas lentamente en una danza del Chi sobre un lugar recién excavado al este del gazebo. Lo miró un rato y supo que había plantado las semillas mientras dormían. Cuando Zhang advirtió que estaba despierto, el viejo jardinero se rió en un suspiro y siguió bailando: "Nunca había sido tan feliz como ahora que estamos juntos." Siguió girando: "Todos los momentos que he conocido, todos los sentimientos que he tenido, todos los silencios de mi mente, todo ello está contenido aquí, ahora, en esta danza."

Li Bai quedó estupefacto, pues el viejo jardinero lucía radiante. De algún modo, al plantar las inocentes semillas venidas de manos sin corazón, parecía invulnerable a las influencias oscuras. Había encontrado algún remedio en la eternidad. Era, en ese instante, pura alegría. Era viejo y joven a la vez.

Para responder en tu diario

- *Tanto Shenji como Li Bai se duermen ante la difícil pregunta de si deben o no plantar las semillas. Y mientras lo hacen, el maestro jardinero las planta y descubre la alegría. ¿Por qué Zhang permanece despierto ante eso que llevó al sueño a los demás?*
- *Si los tres personajes habitan en ti, ¿qué partes de tu ser representan?*

Preguntas para la sobremesa

Para ser formuladas a los amigos y seres queridos durante la cena o la hora del café. Procuren escuchar la respuesta de cada persona antes de la discusión:

- *Describe una situación en que el carácter del que dio algo, de alguna manera contaminó el regalo.*
- *Describe una situación en que el regalo de algún modo limpió a quien lo dio.*
- *Discute la diferencia.*
- *¿Llevas contigo algunas semillas que no estás seguro de sembrar? ¿Cómo llegaron a ti? ¿Por qué dudas en plantarlas?*

Una meditación

- *Elige algo que quieras crecer y algo que quieras desechar, enterrar. Puede ser una semilla verdadera o simbólica. Puedes incluso escribir lo que cada una representa en una hoja de papel.*
- *Cierra los ojos y pega las palmas de las manos a ellos.*
- *Respira hondo y agradece a lo que vas a enterrar por lo que abrió en ti, aunque haya sido doloroso.*
- *Respira hondo y agradece a lo que deseas plantar por su capacidad de regenerar.*
- *Toma lo que quieres enterrar y lo que deseas sembrar y llévalos afuera; coloca ambos, lado a lado, en la tierra. Si no puedes salir, pon a los dos, lado a lado, en una maceta con tierra.*
- *Cierra los ojos y siente la tierra en tus manos.*
- *Al respirar, reflexiona sobre la diferencia entre enterrar y sembrar.*

EL HIJO DEL TRADUCTOR

El padre

Su padre sabía que las palabras alguna vez significaron más. Pasaba con ellas lo que con las antiguas tiendas en que el mismo espacio se usaba para comer, lavarse y dormir, pues aún no se dividía el espacio asignado a cocina, baño o recámara. Su padre aprendió swahili a los 50 años debido a una leyenda. Se dice que una tribu encargó a sus ancianos nombrar al espíritu detrás de todo. Después de muchos años, cada uno regresó con un nombre diferente y el chamán los amarró entre sí con una cuerda de humo y miel, prohibiéndoles romper el círculo hasta forjar un nombre.

Al término de la época de lluvias, cuando las invisibles cataratas de la jungla silban y rugen, dieron con la palabra. Unos dicen que los viejos decidieron no compartirla y el chamán, en venganza, dividió su discurso. Algunos creen que estas versiones truncas de la palabra originaron los diferentes nombres que damos a Dios. Otros, que el chamán hechizó a cada uno para llevar su parte del nombre por siempre, y sólo cuando cada quien ofreciera su parte libremente, aparecería el espíritu que subyace en todo lo que existe. Su padre siempre bromeaba diciendo que: "Un buen traductor, igual que un chamán, busca dar poder a los extraños para que pronuncien el nombre común y perdido de Dios."

El hijo

Como si el nacimiento fuera una traducción, portaba el deseo de su padre. A los seis años, vio una serpiente reptar por la orilla, moviéndose sin moverse en realidad. Observó las marcas de su vientre en la tierra y supo entonces el destino de las palabras. Al no poder tocar el camino del reptil cuando se fue nadando, supo el destino de los sentimientos.

Al crecer, la gente, sin razón alguna, compartía su génesis del dolor, esfuerzos y fatigas, rigidez y dudas. Miraban sus ojos y desplegaban su temor, y él —parecía muy natural— conformaba parejas: una cantante que amaba los gatos con un abogado cuya gata acababa de parir; un pescador cansado con una florista sentimental.

Su padre quería que dominara el swahili, pero aprendió ruso y francés y trabajó en Naciones Unidas, metido en uno de esos cubículos de cristal. Su voz inundaba anónimamente los oídos extranjeros.

Fue contratado para trabajar en una cumbre nuclear cuando su padre cayó enfermo. Esto suavizó su indiferencia y removió sus sueños de nube con forma de hongo. Dobló la ropa recién lavada recitando los fonemas rusos para el término "nuclear".

Su padre fallaba, pero aún seguía buscando la palabra. Esto lo entristeció y así, entre las conversaciones, se dio a caminar por las tiendas departamentales mirando televisiones sintonizadas en el mismo canal. Sesenta mujeres con los mismos dientes: todas sonreían. La vida entera de su padre dedicada a perseguir una palabra. *Flash* informativo: las noticias. Sesenta veces explotó la última casa. Explotó. Todos los distintos nombres de Dios. Explotaron. *Flash* informativo: sesenta pájaros volaron sobre el agua, volaron y volaron conforme el vendedor se aproximaba: "¿Está usted interesado en la resolución de alta calidad?"

Su reputación de excelencia y objetividad lo hizo trabajar para el presidente y el primer ministro. Tras lentas negociaciones, entraron una vez más e hicieron una reverencia como ancianos oscuros. El presidente dijo: "Ya no podemos tolerar su postura." Él sonrió y transmitió el mensaje: "Ya no podemos tolerar el peligro." El primer ministro respondió: "Sólo podemos proceder si ustedes se desarman primero." Sonrió en su cubículo de cristal y transmitió el mensaje: "Sólo podemos proceder si nos desarmamos juntos." El presidente no lo esperaba: "¿Cómo podemos confiar en ustedes?" Sonrió y tradujo: "No tenemos otra opción más que confiar en ustedes." El otro fue sincero: "¿Está hablando en serio?" Los conminó con su lenguaje y, tejiendo las respuestas, logró que forjaran una paz común.

Obviamente, descubrieron su falta y lo despidieron. Pero había hecho eso por su padre y, en ese momento de acuerdo, por falso que fuera, se sintió brevemente como el chamán con los viejos: así había sido su intento por dominar el todo.

Para responder en tu diario

- *Intenta describir tu historia con la presencia de espíritu y los diferentes nombres que das a esta experiencia en el camino.*

Preguntas para la sobremesa

Para ser formuladas a los amigos y seres queridos durante la cena o la hora del café. Procuren escuchar la respuesta de cada persona antes de la discusión:

- *Cuenta la historia de alguien que admires por su capacidad conciliadora o como traductor. Puede ser algún conocido o un personaje de la historia.*
- *Aunque sigue siendo imposible, traten, como grupo, al igual que los viejos del relato, de compartir sus nombres para el espíritu que está detrás de todo. Habiendo escuchado todas las respuestas, traten de integrar un nombre que tenga sentido para todos.*

Una meditación

- *Cierra los ojos y escucha lo que sucede a tu alrededor.*
- *Respira regularmente y escucha qué subyace a lo que escuchas.*
- *Abre los ojos y date cuenta de que al escuchar el significado que subyace a todo, te conviertes en un puente para el ser.*
- *Entra a tu día listo para escuchar por si es necesario que te conviertas en puente para las criaturas vivientes.*

Tiempo de cruzar

A pesar de su edad, hablaba rápido, emocionado por quienes se marcharon hacía mucho, por su grandeza y su valor. Dado que yo nunca había escuchado hablar de ellos, sus ojos se convirtieron en una ventana a otro mundo. Cada nombre daba lugar a una historia demasiado compleja para ser transmitida, demasiado espantosa para marcharse solo después. Sorbió su té y me di cuenta de que, en un futuro, yo hablaría de él justo así.

Hablamos hasta bien entrada la noche y él comenzó a desviarse del tema. Moví su bastón y toqué su hombro y él sonrió al volver al aquí y al ahora. Dije: "¿Debemos irnos?" Él respondió: "Ya nos fuimos." Entonces dio una palmada en su rodilla y dijo: "Pero así está bien."

Me incliné para ayudarlo a levantarse y entonces sostuvo mi cara entre sus manos y me besó en la frente. Luego puso la palma de su mano firme sobre mi pecho y dijo: "Ya sabes." Mientras esperamos su auto, olió una hierba como si se tratara de una flor y suspiró. Y sigo preguntándome. . . qué sé yo.

Para responder en tu diario

- *Recuerda a alguien de tu experiencia personal o de la historia mundial, a quien siempre admiraste y, aunque ya conozcas lo sucedido durante su estancia en la Tierra, adéntrate en su historia personal. Luego, apunta los hechos destacados y escribe en tu diario una conversación imaginaria con ese personaje.*

Preguntas para la sobremesa

Para ser formuladas a los amigos y seres queridos durante la cena o la hora del café. Procuren escuchar la respuesta de cada persona antes de la discusión:

- *¿Existe alguien en tu vida sobre quien hablarás en el futuro refiriéndote a su grandeza y valentía? ¿Cuál es su historia?*
- *Habla de algún personaje histórico con quien te identifiques. Describe el vínculo y cómo lo descubriste. Puede tratarse de la persona sobre la que escribiste en tu diario.*
- *¿Qué significa para ti "olió una hierba como si se tratara de una flor y suspiró"?*

Una meditación

- *Siéntate en calma y presiona la palma de tu mano contra tu pecho con firmeza.*
- *Respira lenta y limpiamente con los ojos cerrados.*
- *Siente lo que fluye de tu corazón a la palma de tu mano y a la inversa.*
- *Haz esto cada mañana por lo menos tres días, y reflexiona cada uno sobre lo que consideras incorruptible y afirma la vida.*

La sabiduría de la masticación

Fue algo imperdonable. De eso estaba seguro. Sucedió hace muchos años. Había cruzado el mar para llegar a esa isla y, aunque su padre sabía dónde estaba, nunca vino. Pero era importante irse. Crecer bajo su propia luz. Desde entonces, aprendió que la luz es de todos.

Al principio, construyó una choza con una sola ventana y cada ruido representaba un peligro. Un nativo se convirtió en su maestro y tiró el muro que daba al Oriente. Ahora el mundo exterior estaba dentro y él podía ver el amanecer. Seis meses más tarde, la mayor parte de sus temores se había ido.

El maestro lo llevó al bosque para recolectar raíces y hierbas. Las convirtieron en una pasta curativa que regalaron. A solas, frotaba la pasta contra su corazón, pero esto sólo menguaba un poco el dolor que su padre representaba.

Un día, mientras recogía raíces, fue rodeado por la masticación de las jirafas que se alimentaban de las hojas altas de árboles esbeltos. Simplemente escuchó la sabiduría de su masticar. Una lo miró como diciendo: "Vale la pena estirar el cuello para masticar las pequeñas cosas que llegan a la luz."

Después de eso, tiró el muro que daba al Occidente. Ahora podía ver el ir y venir de la luz. Desde el oeste vio una lucecilla que se movía en el mar. Cuando la luz estuvo más cerca, vio que se trataba de un hombre en su bote. Al principio, la espalda de su corazón, lugar en que mantenía a su padre, saltó detrás de sus ojos y pensó: "Por fin ha venido."

El bote desaparecía con cada ola. Al acercarse, vio que un extraño remaba. La imagen de su padre volvió al rincón de su corazón. El extraño le dijo que su padre estaba muriendo. Entró en el bosque para estar con las jirafas que no tenían consejos que brindar. Se recargó contra un árbol y jugueteó con su larga barba. Agradeció al extraño y lo despidió.

Una semana después, comenzó a remar de regreso en los años y no pudo recordar por qué se había ido. Sin duda se trataba de algo importante, de algo tan apremiante que lo obligó a partir. Siguió remando entre las olas que lo habían llevado hasta esa vida y, a medio camino entre lo que era y aquello en lo que se había convertido, quedó a la deriva.

Su padre había muerto; podía percibirlo. Y el viento, su constante amigo, contuvo el aliento de tanta tristeza. Pasó los dedos entre los jirones de su barba. Por un momento, las grandes aguas permanecieron quietas y pudo verse a sí mismo. Se había convertido en su padre. La única manera de amarlo ahora consistía en amarse a sí mismo.

Para responder en tu diario

- *Cuenta la historia de una época en que te sentiste lastimado o traicionado por otra persona, y cómo tu visión del suceso cambió con el paso del tiempo.*
- *Escribe en tu diario una conversación imaginaria con la persona que te lastimó.*

Preguntas para la sobremesa

Para ser formuladas a los amigos y seres queridos durante la cena o la hora del café. Procuren escuchar la respuesta de cada persona antes de la discusión:

- *Cuenta cómo lastimaste a alguien, y cómo el dolor de haberlo hecho vive en ti.*

- *No es un error digerir las cosas. Tenemos que mascarlas. Según esta idea, ¿qué significa el título de esta historia?*

Una meditación

- *Accede a tu centro sentado. Debes saber que esta breve meditación es segura a pesar de que pretende mostrar el dolor experimentado y causado.*
- *Respira tranquilamente el dolor que surja, sea causado o recibido.*
- *Al inhalar, nota lo parecido que es todo dolor cuando se le separa de su causa y de su efecto.*
- *Al exhalar, permite que los dolores salgan.*
- *Mientras respiras tranquilamente, visualiza a una persona que te lastimó y a otra que lastimaste.*
- *Respira tranquilo e imagina que están a tu lado.*
- *Mientras respiras lenta y calmadamente, imagina que los tres dejan ir el dolor que los une.*

Enfrentar a un demonio

Un gran demonio apareció un día en la aldea. Por puro temor, el herrero atravesó la mejilla del monstruo con un hierro ardiente y el demonio se lo comió. Herido en el rostro, daba aún más miedo. Los hombres empezaron a reunir armas. Esto hizo que el demonio fuera más cruel y feroz. Dos hermanos decidieron darle caza. Uno era bailarín y el otro carnicero. Cuando encontraron al demonio, el bailarín lo distrajo con su danza mientras el carnicero trató de cortarle la garganta. El demonio se los comió.

Desesperado, el jefe de la aldea buscó el consejo del viejo chamán. Era tan anciano que estaba perdiendo la vista. La gente se apiadaba de él, pero el chamán consideraba que la pérdida de su visión era en realidad una protección. Decía que le impedía hacer mal uso de sus dotes. Cuando el jefe explicó lo sucedido, el chamán dijo: "El bailarín usó la danza de mala manera. El carnicero usó mal el cuchillo. Y el herrero lo hizo con su hierro. Ahora el demonio es más fuerte, pues integra en su ser la gracia del bailarín, la habilidad del carnicero y la fuerza del herrero." El jefe y la gente se sintieron derrotados. Fue entonces que el chamán les ofreció su secreto: "Deben alimentarlo con luz y esperar."

El temor había agotado la amabilidad de la gente. En su agitación, imploraron a un gentil y joven monje quien de niño lloraba cuando, sin querer, pisaba una hormiga. Le dieron una daga de luz y le pidieron enfrentar al demonio. El joven monje dudaba entre conservar los hábitos o lanzarse al mundo, pero dijo que sí.

Se sentó en el límite del bosque, puso la daga de luz sobre sus piernas y esperó. Al tercer día, el demonio, hambriento y atemorizado, apareció. Había sido cortado tantas veces con espadas que la simple visión de una daga luminosa lo hizo gruñir y retirarse. Para sorpresa del demonio, el joven se tragó de inmediato la daga de luz. En su descenso, la daga lo cortó. Se calmó y esperó. El demonio también. Y entonces, el demonio se tiró boca abajo en el suelo y abrió la boca como si fuera la entrada a otro mundo.

El joven gentil podía sentir la daga de luz moviéndose en su interior. Aunque se sentía debilitado, se levantó cuidadoso y entró en la boca del demonio caminando por esa entrada y el túnel de su garganta. Una vez en su barriga, escuchó las voces desesperadas que imploraban ser liberadas. Cuando sus ojos se acostumbraron a la oscuridad, pudo ver al carnicero en una esquina, y al herrero, al bailarín. Temblaban. Entonces, en el centro de la panza del demonio, un ser puro y lloroso se le acercó. Pero en lugar de lastimarlo, empezó a rogar: "Por fin. ¿Puedes salvarme? ¡Por favor! ¡Debes sacarme de aquí!"

El joven monje se sentó frente a la parte más oscura de su yo y dijo: "He entrado a tu barriga. Tú debes entrar a la mía." El ser atemorizado, atrapado en la panza del demonio, comprendió de inmediato y se acercó al monje para sacar la daga de luz de *su* panza. Al hacerlo cortó la inocencia del monje y éste se desmayó.

El ser atemorizado y atrapado en la panza del demonio levantó la daga de luz. Y con la fuerza del herrero, la habilidad del carnicero y la gracia del bailarín, apuñaló al demonio por dentro. La abertura causada dejó entrar la luz, la infinita luz, y el cuerpo del demonio se estremeció antes de desaparecer, dejando a todos como el día en que el demonio los comió: iguales, pero cambiados.

171

Para responder en tu diario

- *La historia sugiere que un demonio es un aspecto de cierta situación que agrandamos y alimentamos con nuestra forma de sentir y pensar.*
- *Describe una situación que ahora sea enorme y problemática para ti, y habla de tus intentos por silenciarla o frustrarla.*
- *Rastrea el origen de esta situación y fíjate en el momento en que era una cuestión menor y cómo creció.*
- *Imagina que en el centro de esta gran cosa problemática hay algo puro y lloroso que, si tuviera oportunidad, diría: "Por fin. ¿Puedes salvarme?" Escribe en tu diario una conversación imaginaria con el ser puro y lloroso que vive en el centro de tu demonio.*

Preguntas para la sobremesa

Para ser formuladas a los amigos y seres queridos durante la cena o la hora del café. Procuren escuchar la respuesta de cada persona antes de la discusión:

- *En la historia, el chamán dice que el bailarín, el carnicero y el herrero utilizaron mal sus dones. ¿Por qué? ¿Qué entiendes de todo esto?*
- *Describe un momento en que usaste mal una de tus cualidades.*

Una meditación

- *Siéntate tranquilo y respira lentamente.*
- *Al inhalar, imagina que estás seguro, detrás de un muro de cristal.*
- *Al exhalar, cierra los ojos e imagina algo o alguien que te da miedo y se encuentra al otro lado del cristal.*
- *Respira con regularidad y deja que la ola de miedo vaya y venga. No hagas nada. Estás a salvo.*

- *Al inhalar, fíjate en cómo el miedo agranda lo que ves. No hagas nada. Estás a salvo.*
- *Al exhalar, fíjate en cómo tu seguridad devuelve el tamaño normal a lo que ves. No hagas nada. Estás seguro.*
- *Respira lentamente y ten compasión por lo que temes.*

Manos como alas

Desde pequeña, Cheryl pensó que las manos eran como alas que buscaban cómo volar. Así que, naturalmente, cuando comenzó a esculpir, hizo las manos más grandes. Su madre pensó que las grandes manos de las esculturas representaban ángeles. Cheryl te dirá que sus ángeles están hechos para ser montados en las paredes. Parecen sobresalir de cualquier muro al que se adosen, así como el yo más profundo surge sin importar los obstáculos que pongamos en su camino. Sus esculturas parecían tener vida propia. Más que hacerlas, las trae al mundo. Nunca se ha sentido particularmente apegada a ellas. Sólo por una. Su escultura de Sofía. Parecía que esta obra surgía de su pared. No le sorprendió que este trabajo atrajera la atención de todos. Donde la mostrara, la gente comenzaba a tocar las manos grandes y luego sus labios. Algunos se tocaban primero los labios. En silencio, cuando nadie lo miraba, su ángel Sofía bendecía a quienes la tocaban.

Pasada la muerte de la madre de Cheryl, Sofía llegó a su vida. Cuando el dolor era demasiado fuerte para poder soportarlo, Sofía aleteaba entre el peso del dolor y el cansado corazón de la escultora. Ella nunca supo esto, pero hasta superar el peso de su dolor, la presencia de esta escultura despertó en ella.

Unos seis años atrás, le pidieron montar una exposición en un hospital de su localidad. Su bandada de ángeles con manos extragrandes se separó de los muros para ofrecer su gracia a los enfermos, incapacitados y a quienes ayudaban a

174

todo mundo. Nunca tuvo noción clara del profundo impacto de sus ángeles. Ella sólo sabía que montar una exposición semejante en el hospital parecía algo bueno.

La exhibición tenía tres meses cuando Cheryl recibió una llamada. Uno de los ángeles había desaparecido. Su temor inmediato se hizo realidad. Era Sofía. ¿Por qué Sofía entre todas los demás? Era la única escultura que ella necesitaba, la que más amaba. Su primera sensación fue de temor y vacío; era como si el secreto de su creatividad sugiera de Sofía. ¿Cómo podría seguir adelante sin ella? Llovía ese día y, conforme se acercaba conduciendo al hospital, sintió que una parte muy profunda de ella había sido violada. Los limpiaparabrisas chillaron al quitar gotitas de agua que caían del cielo.

Al caminar aprisa por la sala de emergencias, sus otros ángeles callaron. Su corazón latía fuertemente. Al dar vuelta en el área de cirugía externa, vio el muro vacío. Todo estaba silencioso y nadie parecía notar nada. Todos estaban ocupados o enfermos, con miedo, buscando y temiendo la ayuda, preocupándose por los demás y sintiendo que trabajaban demasiado. Ella se quedó parada viendo la pared desnuda por largo rato.

La encargada de arreglar todo sobre la exposición llegó y se deshizo en disculpas: "No me imagino quién pudo robar un ángel." Un viejo que caminaba con bastón escuchó y murmuró: "Alguien desesperado por obtener la gracia." Nadie lo escuchó. Y nadie estaba seguro de qué hacer. Cheryl tenía roto el corazón. La terapeuta del arte se sentía responsable de algún modo. Pronto llegó un administrador del hospital. Era listo pero impaciente. Fueron a la oficina del equipo de seguridad y allí un hombre vestido de azul les dio las cintas videograbadas la noche anterior. Adelantaba la cinta para llegar a la parte que les interesaba. A Cheryl le parecía extraño mirar la vida de los demás acelerada, justo cuando la suya parecía estancada.

"Ahí está", dijo el joven de azul. Puso la cinta a velocidad normal. En el pasillo vacío, un hombre delgado que llevaba a Sofía sobre el hombro pasaba por la parte baja de la pantalla.

El hombre de azul detuvo la cinta en esa escena. Los números visibles en una esquina de la pantalla indicaban que eran las 10:43 de la noche. Era imposible ver el rostro. Tenía puesta una chamarra voluminosa. Pero ahí estaba Sofía, mirando a Cheryl a través de la cámara, con sus grandes manos apoyadas en la espalda del ladrón.

El corazón de Don se estaba rompiendo. Nunca había tomado nada ajeno en su vida, ni siquiera algún dulce siendo niño. Sin embargo, su madre acababa de morir frente a sus ojos y él estaba desesperado, solo. Era como perder piso. El peso de este ángel en su hombro era un alivio. Desde temprana edad, Don tuvo una cercanía especial con su madre. Ella era una fuerza amable en el mundo, tan callada y firme como un día soleado. No importa qué tipo de pruebas presentara la vida, Don siempre se refugiaba y aliviaba en la amabilidad de su madre. Lo que alejaba a Don de sí mismo era cómo se escondía en la amabilidad materna, en lugar de obtener fuerza de ella. Esto le impidió encontrar la fuerza de la amabilidad en su propia alma.

Don nunca fue bueno para las relaciones sociales, pero le gustaba estar rodeado de gente. Nunca se casó y manejaba un restaurante local. Estaba en sus años cuarenta cuando su madre comenzó a enfermar. Ella nunca quiso que él la aislara como lo hizo, pero agradecía a Dios su devoción. Ella sufría mal de Parkinson, por lo que, con el paso del tiempo, sus limitaciones aumentaron. Cada vez que Don se acercaba a la puerta para visitarla, ella se acercaba. Sin decir palabra, sonreía como si fuera el mismo sol y acariciaba su mejilla. Este momento discreto se convirtió en el asidero de Don. Lo mantenía a flote.

No tenía hermanos ni amigos íntimos, de modo que cuando su madre enfermó, se convirtió en una especie de bella línea costera reclamada por el mar. Buena parte de lo que había sido ya no era visible, a no ser para los ojos de Don, que convertían a su madre en un santuario de amor. Cerca de año y medio atrás, descubrieron que su madre tenía cáncer. El viaje, que ya era difícil, se tornó abrumador. Ella estuvo hospitalizada durante las últimas seis semanas.

De todas las personas del mundo, pensó Don, ¿por qué ella? Era la única persona que necesitaba. La amaba sobre todas las cosas. Ahora, cada vez que comenzaba un día sentía temor y vacío; era como si su capacidad de vivir proviniera de la amabilidad de su madre. ¿Cómo podría seguir adelante sin ella? Llovía el día en que la mujer moriría y, mientras manejaba en dirección al hospital, sintió que una parte muy profunda de su ser era violada.

Supo que algo había cambiado desde que entró a la habitación. Parecía extinguirse frente a sus ojos. Su amabilidad seguía allí, pero era débil, como pasa con las canciones que se escuchan a través de una almohada. Se mantuvo cerca de ella todo el día. Finalmente, por la noche, cuando las enfermeras estaban en otra parte, ella lo miró. Estaba demasiado débil para tomar el rostro de Don entre sus manos. Se limitó a sonreírle y murió con los ojos abiertos. Su amabilidad alcanzaba a Don como si fuera la luz de un sol a punto de ocultarse.

No tenía idea de cuánto tiempo estuvo ahí. La vida lo había abierto de improviso y, en algún lugar muy hondo de su ser, quizá en el lugar en que escondía, algo gritaba silenciosamente. Sentía desesperación y quería huir en ese mismo instante. Por supuesto, no podía hacerlo. No podía dejar de mirar esos ojos que habían ofrecido amabilidad a su vida entera. Cuando soltó su mano muerta, parecía más grande de lo normal. Salió del cuarto para encontrar un mundo en el que ella no estaba.

En el pasillo, las enfermeras hablaban sobre las horas extra y las dosis de ciertos medicamentos. Una se abanicaba con un documento del hospital. Alguien preguntó cómo estaba su madre. Él pasó junto a la mujer que preguntó sin hablar. ¿Cómo lograría continuar? ¿A dónde iría? Todo parecía insignificante. Vagó por el hospital tratando de recobrar el aliento. Tenía miedo de llorar; sospechaba que al permitir el flujo de lágrimas no podría detenerlas más tarde en el pasillo. La impresión lo debilitaba. Se le doblaban las piernas. Se recargó contra la pared.

Cuando miró hacia arriba, vio una escultura de su madre con esas manos muertas y grandes. Y allí estaban sus ojos muertos, los que habían brindado amabilidad toda su vida. ¿Cómo era posible? Acarició el rostro de Sofía y tocó sus grandes manos. Comenzó a sollozar. Por un momento sintió que si dejaba atrás a este ángel, él estaría perdido para siempre. Se replegó y sintió terror. Perdía el control. Volvió a recargarse en el muro y tomó entre sus manos la cara del ángel, igual que su madre con él. Estuvo ahí parado durante largo tiempo, con la mano puesta en la escultura adosada al muro. Parecía que el ángel era una balsa en medio del naufragio.

Don no podía volver al mundo y tampoco podía quedarse allí. Sollozaba y se ahogaba. Su pobre corazón sólo podía pensar en llevarse el ángel. Al menos por un tiempo. Nunca había tomado nada ajeno en su vida, ni siquiera un dulce siendo niño. Pero su madre había muerto ante sus ojos y él se sentía perdido, desesperado y solo. El peso del ángel sobre su hombro era reconfortante.

Cheryl nunca supo quién robó su ángel. Y aunque nunca volvió a ver la grabación de la cámara de seguridad, la imagen del hombre delgado con Sofía al hombro quedó grabada en su mente. Pasaron seis años y Cheryl aceptó la ausencia repentina de Sofía como una enseñanza. Admite en los momentos más íntimos que su corazón estuvo roto largo tiempo. Luego, de algún modo, se dio cuenta de que Sofía vivía en ella. De alguna manera, Cheryl fue forzada a ver la necesidad como una mensajera de la luz. Aún esculpe manos grandes, y sigue adosando ángeles a los muros. Ella admite que todo esto la ha convertido en mejor artista. Si le preguntas, te dirá que la amabilidad fluye de un ser vivo a otro. "Sólo la tomamos prestada", dice. Luego ríe: "O, más bien, la amabilidad nos toma prestados a nosotros."

Don sigue sin convivir mucho con la gente, pero el manejo del restaurante mantiene la soledad a raya. Y cada mañana, al salir de su apartamento, se acerca a la mesa cerca de su pequeña ventana, toma el rostro del ángel y toca sus grandes manos. Al hacerlo, obtiene la fuerza necesaria para entrar al mundo.

No tiene idea de que, en unos cuantos días, el sol saldrá y sentirá una amabilidad en el trabajo que no ha sentido desde que su madre murió. No tiene modo de saber que se detendrá de camino a la oficina en un pequeño parque para observar a un carbonero de cabeza negra que picotea entre la nieve en busca de alimento. No tiene cómo saber que, mientras observa cómo se alimentan las avecillas, Cheryl estará despertando lentamente de un sueño en que ella se convierte en Sofía. En ese momento, Don estará sentado en una banca mojada por la nieve y cerrará los ojos ante la tibieza del sol. Y así, de pronto, se sentirá completo de nuevo; estará listo para seguir viviendo. Se despertará al día siguiente sin necesitar ya al ángel robado. Al sentir demasiada vergüenza para regresarlo, buscará un sitio dónde dejarlo para así agradecer, bendecir a una escultora que nunca conocerá.

Pero hoy, mientras Don se prepara para ir al trabajo, la luz matinal que pasa por su pequeña ventana llega hasta las grandes manos de Sofía, quien espera a que alguien más le dé existencia, a que alguien más se la robe. Espera, en suma, a quien la necesitará a continuación.

- *Para responder en tu diario Imagina que entrevistas a Cheryl y a Don por separado.*
- *¿Qué les preguntarías sobre los cambios que esta experiencia les trajo?*
- *¿Qué diría cada uno sobre cómo vivir con el corazón roto por una pérdida?*
- *Imagina estas conversaciones y escríbelas en tu diario.*

Preguntas para la sobremesa

Para ser formuladas a los amigos y seres queridos durante la cena o la hora del café. Procuren escuchar la respuesta de cada persona antes de la discusión:

- *Hacia el fin de la historia, Cheryl destaca que "la amabilidad fluye de un ser vivo a otro. 'Sólo la tomamos prestada', dice. Luego ríe: 'O, más bien, la amabilidad nos toma prestados a nosotros'." ¿Qué te sugieren estas revelaciones sobre la naturaleza de la amabilidad y nuestra relación con ella?*
- *¿Qué opinas del dolor de Cheryl cuando su escultura es robada? ¿Qué piensas de la sanación que el arte permite al mantener viva a otra persona durante su sufrimiento?*
- *¿Qué dice esta historia sobre el propósito del arte?*

Una meditación

- *Ésta es una meditación para realizarse con un ser amado.*
- *Siéntense uno frente a otro y respiren tranquilamente.*
- *Cuando logren centrarse, sostengan sus manos.*
- *Al inhalar, trata de sentir el amor que fluye a ti.*
- *Al exhalar, trata de sentir el amor que fluye de ti.*
- *Después de un rato, suelta las manos del otro y mira las tuyas.*
- *Respira y siente cómo tus manos se agrandan con el pulso del amor.*

Sentirse pequeño

El otro día me sentí pequeño. Necesitaba escapar, así que fui a la ciudad. Y todo se veía como siempre. Fui con un hombre y dije: "¿Lo conozco?" Se volvió y dijo: "¿Qué buscas?" Y yo dije: "Oh, es que creo haber visto a Dios en sus ojos." Justo entonces, la mujer que pasaba junto a nosotros se detuvo y dijo: "No, fui yo." Y nos abrazamos. Y luego el hombre dijo: "¡Ey! ¡Esperen! ¿Puedo unirme a ustedes?" Y todos nos abrazamos. Y el viento que soplaba entre nuestras piernas sonaba justo como el ajetreo de la vida.

Para responder en tu diario

- *Describe una ocasión en que sentiste verdadera familiaridad con alguien a quien no conocías muy bien.*
- *¿Qué tipo de relación se desarrolló a partir de esta familiaridad inexplicable, si es que la hubo?*
- *¿Cómo comprendes este fenómeno?*

Preguntas para la sobremesa

Para ser formuladas a los amigos y seres queridos durante la cena o la hora del café. Procuren escuchar la respuesta de cada persona antes de la discusión:

- *Describe una época en que mirar algo en compañía de otros te abrió para entender que no podrías llegar a ese conocimiento por ti solo.*
- *En nuestros días, la gente está tan alejada de sí misma y tan aislada, que es difícil saber si es seguro acercarte a otras personas. Sin embargo, necesitamos el bálsamo de la comunidad desesperadamente. ¿Cómo labrar nuestro camino? ¿Qué habilidades son necesarias para encontrarnos? ¿Qué podemos hacer en nuestras vidas cotidianas para relacionarnos mejor?*

Una meditación

- *Cierra los ojos y reflexiona sobre tu sentido del aislamiento y sobre cómo la vida moderna nos separa de los demás.*
- *Inhala lentamente y deja que la inhalación te lleve al centro de tu ser.*
- *Cuando hayas sentido tu centro, respira hondo y reflexiona sobre el sentido de unidad con los seres vivos y sobre cómo todos nos conectamos mediante nuestro centro.*
- *Respira regularmente y siente el intercambio que va y viene entre tu conectividad y tu aislamiento. Siente cómo ambas situaciones son reales.*
- *Conforme avance tu día, nota cuál predomina en tu conciencia: ¿el aislamiento o la conectividad?*
- *Al encontrarte con cada una de ellas, trata de discernir en tu corazón qué tan precisa es cada instancia o si alguna hace eco en la otra.*
- *Al final del día, cierra los ojos y permite que tu aislamiento y tu conectividad se combinen en el innominado centro de tu ser.*

La iluminación

Ana, la abuela de Alison, tiene 103 años. Vive en una casa de retiro. Alison es uno sus de ocho nietos y se ha dado cuenta de que a cada uno le dice que es el nieto favorito. Con el paso de los años, Ana los ha tocado con su amor irrestricto, iluminando sus cualidades únicas. Alison se siente agradecida por el infinito amor que la mujer les da. Cuando la visita en estos días, le queda claro que a Ana le cuesta trabajo reconocer a la gente y saber de dónde los conoce. Incluso cuando reconoce bien, no lo recuerda por largo rato. Ahora todos son extraños y todos sus favoritos. Todos resultan especiales.

Alison se instala en un pacífico lugar maravilloso cuando me relata esto: "Ahora es puro amor", dice, "para todos y para todo." Alison mueve la cabeza de lado a lado y sonríe: "El amor de la abuela ya no está reservado a la familia puesto que todos se han convertido en familia." Se trata de algo profundo y revelador que toma cien años para convertirnos en una persona así. ¿Podríamos tener mayor ambición?

Para responder en tu diario

- *Cuenta la historia de un pariente que dio la bienvenida a un extraño a tu familia. ¿Cómo reaccionó tu familia?*
- *Describe un momento en que hayas sentido que formabas parte de una familia, gracias a alguien que no era familiar.*

Preguntas para la sobremesa

Para ser formuladas a los amigos y seres queridos durante la cena o la hora del café. Procuren escuchar la respuesta de cada persona antes de la discusión:

- *¿Qué ha sido liberador en tu familia? ¿Hay momentos en que te sientes agobiado por la familia?*
- *¿Bajo qué circunstancias crecería tu sentido de familia?*

Una meditación

- *Cierra los ojos y ábrete a la historia conocida y desconocida de tu familia.*
- *Respira lentamente e imagina que, en otra tierra, tu abuela es ayudada por un extraño. Quizá se cayó y la ayudaron a levantarse. A lo mejor se perdió y la devolvieron al camino correcto.*
- *Inhala profundamente e imagina que la familia de ese extraño que ayudó a tu abuela llega a nuestro país, en nuestra época.*
- *Exhala por completo e imagina que la bisnieta del extraño es alguien a quien hoy conocerás.*
- *Respira lentamente y mantente listo para ayudarla, pues su familia ayudó a la tuya en una ocasión.*
- *Abre los ojos y entra al día listo para ser amable con todas las personas que conozcas, ya que no sabrás bien quién es la bisnieta.*

BENDICIÓN

Después de una gran nevada, un joven poeta llegó a mi puerta. Parecía una versión más joven de mí mismo. Después de un rato, finalmente preguntó sobre la grandeza y la fama. Tenía una mirada salvaje y, bajo todo lo que otros le habían recomendado, pude ver su alma, semejante a la nieve.

Dije: "Vamos a caminar." Me puse las botas mientras mi perro se metía al auto. Fuimos a un bosque de pinos que él conocía. Habló todo el camino.

Primero hicimos un recorrido por el perímetro y yo escuché hasta que se le terminaron las palabras. Nuestro andar se hizo más lento. Yo esperaba que se diera cuenta de que caminábamos por un sendero que alguien había desbrozado antes de que él naciera.

Mi perro se nos adelantaba y luego miraba atrás para asegurarse de que veníamos tras él. Ahora ninguno de los dos hablaba.

Cuando llegamos a las filas de pinos de más de veinte metros, podíamos escuchar cómo crujían sus partes altas. Yo esperaba que él se diera cuenta de que estábamos en un bosque nacido mucho antes de nuestro nacimiento.

Mi perro nos condujo fuera del sendero hasta que llegamos a una cruz fabricada con ramas rotas. Estaba ahí puesta entre los pinos. La cubría la nieve. Esto me hizo pensar en el dolor que se ablanda con la oración si se le deja a la intemperie.

Parecía obvio que jamás sabríamos quién había colocado la cruz, había hecho crecer los pinos o desbrozado el camino.

Nuestro aliento producía vaharadas que se mezclaban y sonreí al saber que así son las cosas.

En nuestro camino de vuelta, me perdí en el sonido que mis botas producían al pisar la nieve. Cuando me detuve, el muchacho estaba casi cincuenta metros atrás, mirando cómo me hacía yo más pequeño cada vez. Entonces supe que él había entendido. Seguí caminando en el campo blanco que cubre todos los nombres.

Para responder en tu diario

- *Describe un tiempo en que trabajabas duro para destacar y comenta a dónde te llevó esa experiencia. Habla de una época en que te esforzaste por ver y di a dónde te condujo eso.*
- *El mundo está obsesionado con ser visto y con la celebridad, más que por ver y celebrar. ¿Cuál es la diferencia?*

Preguntas para la sobremesa

Para ser formuladas a los amigos y seres queridos durante la cena o la hora del café. Procuren escuchar la respuesta de cada persona antes de la discusión:

- *Cuenta la historia de un sendero anónimo por el que caminaste, de una herramienta sin nombre utilizada o de un maestro anónimo que te guió.*
- *¿Qué dirías a quienes crearon estos regalos?*

Una meditación

- *Respira calmo y piensa que el aire que te mantiene vivo es invisible.*
- *Respira lentamente y fíjate en que el viento que hace volar al águila no es aplaudido.*

- *Respira profundamente y fíjate en que la luz que hace crecer al maíz no recibe premio alguno.*
- *Siéntate tranquilamente y reflexiona sobre algo valioso hecho sin que nadie lo supiera. Fíjate en cómo se siente esto.*
- *Siente tu cercanía con el aire que te mantiene vivo, el viento que eleva y la luz que hace crecer las cosas.*
- *Respira profundamente y siente el centro de tu ser debajo de todos los nombres.*

NOTAS

Página 7. Dedicatoria: "Para todos los que han llevado consigo una historia...", escrita por el autor.

Página 9. Epígrafe uno: "Una historia ha de relatarse de tal modo...", tomado de Martin Büber, *Meetings*, Chicago, Illinois, Open Court Press, 1991.

Página 13. "...el valor de escuchar tu propia vida... en el permanente compromiso de respetar tu viaje y los viajes de otros..." Estoy en deuda con la generosidad de John Paul Lederach, un visionario del movimiento pacifista que me invitó a realizar un retiro poético llamado *Poetry and Peace*, dirigido a sus estudiantes de Notre Dame. El retiro se realizó dos veces, en marzo de 2007 y abril de 2010. Al prepararnos para el retiro, descubrimos que para ser poeta y pacifista se requiere la misma devoción a la atención interior. Por favor revisen *The Moral Imagination* y *The Journey Towards Reconciliation*, obras de John Paul Lederach.

Página 15. Epígrafe de la sección "Dentro y fuera del camino", "El mundo no es comprensible...", de Martin Büber, *Meetings*, Chicago, Illinois., Open Court Press, 1991.

Página 24. El maestro del té y el guerrero: "Rikiu... y Taiko..." En el Japón del siglo XVI, Rikiu era uno de los grandes maestros del té; su larga amistad con el príncipe-guerrero Taiko-Hideyshi fue legendaria. Después de muchos años, una traición por celos afectó a Rikiu. En consecuencia, la distancia creció entre Taiko y Rikiu. Los enemigos del maestro del té extendieron los rumores de que Rikiu pensaba envenenar a Taiko. Al escuchar este rumor, Taiko le dio crédito y, sin mayor averiguación, condenó a Rikiu a morir por su propia mano. Rodeado por sus estudiantes, Rikiu les ofreció una última taza de té y terminó la ceremonia rompiendo la taza sagrada para que no fuera mal utilizada por otros. Luego susurró: "Bienvenida, espada de la eternidad... por medio de Buda has abierto el camino" y se dejó caer sobre su daga. Para aprender más sobre la ceremonia del té y el estilo de vida reverente detrás de ésta, consultar el clásico libro: *The Book of Tea*, de Okakura-Kakuzo. También es interesante notar que Taiko significa "tambor" en japonés. En el Japón feudal, se usaba un *taiko* para motivar a las tropas y dar órdenes. Al entrar en batalla, el *taiko yuku* (el tamborilero) era responsable de marcar el ritmo de la marcha.

Página 53. Epígrafe de la sección "La vida de los obstáculos", "El amor es...", Iris Murdoch, tomado del diario *The Sun*, febrero de 2007, número 374, p. 48.

Página 55. Epígrafe a la sección "La vida de los obstáculos", "Persigue el obstáculo...", escrito por el autor. Para adentrarte en el tema de los obstáculos como maestros, por favor ve el capítulo titulado: "El Dios del colmillo roto", en mi libro *Finding Inner Courage*, San Francisco, California, Conari, 2011, p. 48.

Página 60. Ahimsikha y Angulimala. Ésta es mi reelaboración de una historia antigua que me refirió la contadora de historias Margo McLoughlin. Existen muchas otras versiones. Puedes encontrar el relato en una traducción moderna en Rafe Martin, *The Hungry Tigress*, Boston, Massachusetts, Shambala, 1984.

Página 85. La vasija de Wu Wei: Wu Wei constituye un elemento dinámico de importancia en el taoísmo, de la misma manera que la gravedad es esencial para la física newtoniana. El significado literal de *wu wei* es: "sin acción", y suele estar presente en la paradoja conocida como *wei wu wei*, "acción sin acción" o "acción sin esfuerzo". El propósito del *wu wei* es lograr un estado de equilibrio integral o alineamiento con el tao y, como resultado, implica una forma irresistible de poder suave e invisible. Es como el agua: claro y suave, puede erosionar la piedra e incluso las montañas.

Página 89. Historias del viejo mundo "¿Qué es una Shiva, abuelo…" En sánscrito, "Shiva" significa literalmente "el auspicioso". Es reverenciado como una de las deidades principales del hinduismo. Brahma, Vishnú y Shiva representan cada uno de los aspectos primarios de lo Divino en el hinduismo, lo que se conoce colectivamente como "Trimurti". En la Trimurti, Brahma es el creador, Vishnú quien mantiene o preserva y Shiva el destructor y transformador. Shiva suele representarse con un tercer ojo, con el que redujo a cenizas a Desire *(Kama)*. Shiva ha llegado a representar tradicionalmente el desmantelamiento de las costumbres o los hábitos que nos impiden renacer en nuestra propia vida. Aunque suele ser dolorosa, la actuación de Shiva es tenida como agente necesario de la transformación y el renacimiento divinos.

Página 93. Epígrafe de la sección "Sufrir y amar el mundo", "Habiéndose quemado mi granero…", proviene de una tarjeta japonesa hallada en la cómoda de Phyllis Harper, según me contó su nieta Cathy McNally, en un taller realizado en la Universidad Royal Roads, en Victoria, Columbia Británica, en abril de 2007.

Página 96. Las artes de la liberación, "Estoy solo, pero no lo suficiente…", viene de la obra *Selected Poems of Rainer Maria Rilke*, traducida por Robert Bly, Nueva York, Harper & Row, 1981, p. 25.

Página 109. La colina donde se esconde Dios, "Comandante Jäger… doctor Elkes…" El doctor Elkhanan Elkes fue un médico legendario electo por sus iguales en el gueto Kovno, en Lituania, para dirigir el Judenrat, el consejo judío encargado de lidiar con los nazis. Los Judenräten eran cuerpos administrativos que los judíos, obligados por los alemanes, formaron en cada gueto del Gobierno General (el territorio ocupado por los nazis en Polonia) y después en los territorios ocupados de la Unión Soviética. Estos cuerpos fueron responsables del gobierno local en el gueto y hacían de intermediarios entre los nazis y la población de éste. Fueron obligados por los nazis a proveer judíos para esclavizarlos, y también ayudaron en su deportación a los campos de exterminio. Los que se rehusaron a seguir las órdenes de los nazis o no eran capaces de cooperar plenamente, solían ser baleados o deportados a los campos de concentración. Cuando los judíos restantes en el gueto Kovno fueron enviados a varios campos de concentración, el doctor Elkes llegó a Auschwitz bajo la autoridad del comandante Jäger. Recibió órdenes de realizar experimentos con su propia gente y su reacción consistió en ponerse en huelga de hambre hasta morir. Parte de esta nota está basada en mis propias conversaciones con el hijo del doctor Elkes, Joel Elkes (médico legendario y pintor de pleno derecho, y en su obra, *Dr. Elkhanan Elkes of the Kovno Ghetto: A Son's Holocaust Memoir* (Massachusetts, Paraclete Press, 1999).

Página 115. Dos monjes escalan una montaña, "Rammohun…" Rammohun Roy (1772-1833) visionario hindú y pionero universalista. Nacido en una próspera familia bengalí de la casta Brahmán (casta superior), aprendió inglés, persa y sánscrito. De joven, estudió en Patna y comenzó a advertir el centro común a todos los senderos y a referirse a esto como el Dios que Todo lo Abarca. Al estudiar el Nuevo Testamento, se enamoró de Jesús, más como hombre santo que como Dios. Su estudio de los Upanishads sólo afirmó su creciente fe en la Fuente de Un Solo Dios, y en que el universo es el resultado de un flujo divino.

Cuando Rammohun se hizo adulto, había viajado amplia-
mente y sumado algunas lenguas a su repertorio lingüístico.
Ahora hablaba árabe, hebreo y griego, además de su lengua
madre, el bengalí y el hindi. Esto algo muy inusual. Todavía
no llegaba a los treinta años cuando tradujo partes de los
Upanishads y los vedas al bengalí moderno, al hindi y al inglés,
añadiendo sus propios comentarios al texto. Realizó esta tarea
gracias a su firme sentido del ser unificado que encontró en
todo lo que leía. Por otra parte, se le consideraba blasfemo
por no dejar los textos en el sánscrito original.

A los treinta y muchos años de edad, afinó su comprensión
del hebreo y del griego para leer el Antiguo y el Nuevo Testamento, tal como lo había hecho para leer los Upanishads y
los vedas. Esto lo llevó a publicar sus ideas de las enseñanzas
éticas de Jesús en un libro titulado *The Precepts of Jesus*.

Aunque Rammohun creyó en la unicidad esencial de
Dios, en la práctica siguió siendo hindú, y usaba el cordón
sagrado de los brahmanes ortodoxos. En agosto de 1828,
como resultado de sus muchas conferencias por toda la pro-
vincia de Bengala (una de las cuales es retratada en esta historia), Rammohun fundó el Brahno Samaj, Sociedad de Dios,
secta hinduista reformista mediante la cual siguió dando plá-
ticas sobre el Único Espíritu Supremo. Rammohun murió el
27 de septiembre de 1833, a consecuencia de una fiebre, en
Bristol, Gloucestershire, Inglaterra.

Página 121. Sufrir y amar el mundo (la historia), "estos
espíritus combatientes se encontraron siendo Angulimala y
Buda…" Para más información sobre este encuentro, ve la
historia de Ahimsikha y Angulimala en este libro.

Página 131. El lobo de Gubbio. Nacido con el nombre
de Giovanni Francesco Bernardone, san Francisco de Asís
(1181-1226) se convirtió en el santo patrono de los animales y
las aves. Hay muchas historias sobre san Francisco y su infinito amor por los animales y por la naturaleza. Quizá la mejor
conocida sea la que en este volumen reelaboramos sobre el

lobo de Gubbio. La tradición nos dice que al encontrarse con el lobo, san Francisco dijo: "Toda esta gente te acusa y te maldice… pero, hermano lobo, me gustaría lograr la paz entre tú y la gente." Cuenta la leyenda que, en su lecho de muerte, agradeció a su asno haberlo llevado y ayudado a lo largo de su vida. El asno lloró.

Página 147. La invitación a crecer, epígrafe de sección, "¿Por qué es tan largo…" Se trata de una vieja historia zen compartida anónimamente en un taller que ofrecí en el Instituto Omega, en agosto de 2006.

Página 150. La invitación a crecer, introducción, "Existe otra lección más reciente…" Helen Luke (1906-1996), analista jungiana con admirable claridad y conocimiento en los misterios eternos. Tuve el privilegio de tener a Helen como mentora hacia el final de su vida. Para más información sobre Helen y su intuición para la vida interior, por favor consulten *Such Stuff as Dreams are Made of: The Autobiography and Journals of Helen Luke*, Helen M. Luke, Nueva York, Parabola Books, 2000.

Página 151. La reaparición de Tu Fu. Tu Fu (712-770) destacado poeta chino de la dinastía Tang. Él y Li Po son considerados los más grandes poetas chinos. Siempre vinculados, Tu Fu fue apenas conocido en su tiempo, mientras Li Po era muy famoso. Juntos reflejan otros binomios más cercanos a nosotros, como Coleridge y Wordsworth o Thoreau y Emerson. Entré en contacto con Tu Fu cuando era estudiante y me fascinó su corazón a través de los tiempos. Cuando yo luchaba contra el cáncer, se me apareció repetidamente en sueños como guía. Por favor consulta la edición de Burton Watson, *The Selected Poems of Tu Fu* y *One Hundred Poems from the Chinese*.

Página 174. Manos como alas. Quiero agradecer a la talentosa escultora Karen French-Hall. Esta historia se basa en nuestras conversaciones. Ella es la artista que da vida a los ángeles de grandes manos. Sobre la naturaleza del arte, Karen dice: "Un corazón que escucha percibe los secretos del universo y fortalece aquello que separa a las estrellas y mantiene intacto al amor. Mi trabajo se manifiesta desde un sentido de la vida que espera bajo estos ritos cotidianos."

AGRADECIMIENTOS

Dos míticos contadores de historias de mi juventud fueron mi abuela, quien me sentaba sobre sus rodillas en ese altar de Brooklyn, que ella llamaba pórtico, y mi tío abuelo Axi, quien nos hacía sentar en el suelo de esa pequeña cocina de Brooklyn para contarnos historias de los Everglades. Más recientemente, he quedado en deuda con tres contadores de historias maestros: Margo McLoughlin y el poeta y artista Kurtis Lamkin; y para Oprah Winfrey, quien siempre enseña con el corazón y al corazón.

Mi gratituid para mi agente Brooke Warner por su honesta bienvenida y la manera de escuchar y ver profundamente. Y a mi editora Candace Johnson por su cuidado y fe en este libro. Y para Megan Scribner y Ian Simmons, que con Margo McLoughlin y Wayne Muller, han explorado estas historias sobre la generosidad de alma por años.

Para mis queridos amigos por la historia que seguimos tejiendo juntos. Especialmente para Eileen, Bob, Jill, Dave, Pat, Karen, Paul, Pam, George, Paula, Skip, Don, TC, David, Ellen, Eleanor, Linda y Sally y Joel. Y para nuestro amigo Steve, quien ya no está con nosotros. ¡Le gustaban tanto las preguntas para la sobremesa!

Y para Wayne Muller y Parker Palmer por cómo logran hacerse amigos de todo, incluyéndome. Para Paul Bowler por la larga aventura y la tierna mesa a la que siempre llegamos. Para Robert Mason por nuestra hermandad de espíritu. Y para mi esposa, Susan, porque siempre encuentra el hilo del corazón.

Sobre el autor

Mark Nepo, poeta y filósofo, ha enseñado poesía y espiritualidad durante más de treinta años. Autor de un *best seller* que llegó al número uno de los más vendidos en la lista del *New York Times*, ha publicado doce libros y grabado seis proyectos de audio. Su trabajo reciente incluye un audiolibro de su obra, *Hasta donde puede ver el corazón* (CD, Simon & Schuster, septiembre de 2011), *Finding Inner Courage* (Red Wheel-Conari, febrero de 2011, originalmente publicado como, *Facing the Lion, Being the Lion*, 2007). Como sobreviviente del cáncer, Mark dedica su escritura y enseñanza al viaje de la transformación interna y de la vida de relación.

Recientemente, Mark fue entrevistado por Oprah Winfrey como parte de su *show* de radio SIRIUS XM, *Series del alma*, y también por Robin Roberts en *Good Morning America* en relación con su *best seller* del *New York Times*, *The Book of Awakening*. Asimismo, *The Exquisite Risk* (Harmony Books) fue citado por la revista *Spirituality & Health* como uno de los Mejores Libros de Espiritualidad de 2005, diciendo que se trata de "uno de los mejores libros que he leído sobre lo que se requiere para vivir una vida auténtica." Los ensayos selectos de Mark aparecen en *Unlearning Back to God: Essays on Inwardness* (Khaniqahi Nimatullahi Publications, 2006). También es editor de *Deepening the American Dream: Reflections on the Inner Life and Spirit of Democracy* (Jossey-Bass, 2005). Sus otros poemarios son: *Suite for the Living* (2004), *Inhabiting Wonder* (2004), *Acre of Light* (1994, también disponible como cinta de audio en parábola bajo el título *Inside the Miracle*, (1996), *Fire Without Witness* (1988) y *God, the Maker of the Bed, and the Painter* (1988).

Su trabajo ha sido traducido a 18 lenguas, incluyendo francés, portugués, japonés y danés. Al ser guía en retiros espirituales, al trabajar con comunidades de sanadores y médicos y enseñar como poeta, el trabajo de Mark es muy accesible y usado por muchos. Sigue dando conferencias, seminarios y es guía en retiros. Por favor visita a Mark en www.MarkNepo. com y en www.theeintentions.com.

PERMISOS

Versiones anteriores o esbozos de algunas de estas historias aparecieron originalmente en ediciones de mis otros libros. Gracias por el permiso de reproducirlas aquí en su forma desarrollada:

Finding Inner Courage (originalmente publicado como *Facing the Lion, Being the Lion*); extracto de "El Dios del Colmillo Roto" (aparece aquí como "La vida de los obstáculos"), extracto retrabajado de "Vengeance or Music" (aparece aquí como "Los agujeros de una flauta"), Copyright © 2011 por Mark Nepo. Reimpreso con permiso de Conari Press.

Fire Without Witness: "Moisés tiene problemas con las instrucciones de Dios", Copyright © 1988 por Mark Nepo. Reimpreso con permiso de British American Publishers, Ltd.

"La colina donde se esconde Dios", de *Blood to Remember: American Poets on the Holocaust*, editado por Charles Fishman, San Luis, Missouri, Time Being Books, 2007, segunda edición, p. 305. Reimpreso con permiso de Time Being Books.

Inhabiting Wonder: "Desde el peral hasta el nido", "Lograr que brote una oreja", "Serenidad", "Caín y Abel", "Bendición", Copyright © 2004 por Mark Nepo. Reimpreso con permiso de Bread for the Journey International.

Índice

Estar cerca 11
Cómo usar este libro 13

1. Dentro y fuera del camino 15
   Ver y mirar 17
   El ciclista 19
   Cerca de dejar la Tierra 21
   El maestro del té y el guerrero 24
   Desde el peral hasta el nido 28
   En espera del bote 30
   Con gran esfuerzo 37
   Lograr que brote una oreja 40
   Moisés tiene problemas con las
   instrucciones de Dios 42
   Los pescadores 45
   Irrompible 47
   La labor del gusano 49

2. La vida de los obstáculos 53
   La vida de los obstáculos 55
   Una guía para escalar en roca 57
   Ahimsikha y Angulimala 60
   Los agujeros de una flauta 66
   El gran despertar 69
   El puente y el elefante 73
   Abe y Phil 75
   En el espejo 80

Serenidad..83
La vasija de Wu Wei 85
Historias del viejo mundo......................................89

3. Sufrir y amar el mundo 93
Las artes de la liberación.......................................95
El ladrón...98
Del otro lado del mar...104
El gran bailarín ruso 106
La colina donde se esconde Dios.........................109
El pintor es pintado 112
Dos monjes escalan una montaña........................115
Sufrir y amar el mundo 119
Pierrot en la ciudad muerta 125
El lobo de Gubbio..131
El halcón de la verdad..140
Caín y Abel...143
Mantener vivo un platillo 145

4. La invitación a crecer....................................147
La invitación a crecer...149
La reaparición de Tu Fu.......................................151
El desierto y el mercado 153
Semillas dentro de las semillas.............................156
El hijo del traductor...161
Tiempo de cruzar..165
La sabiduría de la masticación 167
Enfrentar a un demonio..170
Manos como alas..174
Sentirse pequeño...181
La iluminación 183
Bendición 185

Notas..189
Agradecimientos 197
Sobre el autor 199
Permisos..201

Esta obra se terminó de imprimir en febrero de 2014
en los talleres de Edamsa Impresiones S.A. de C.V.
Av. Hidalgo No. 111, Col. Fracc. San Nicolás Tolentino,
Del. Iztapalapa, C.P. 09850, México, D.F.

[9]